本书受中南财经政法大学出版基金资助

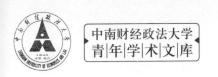

中南财经政法大学
青|年|学|术|文|库

中国保险业区域协调发展战略研究

胡宏兵　著

中国社会科学出版社

图书在版编目(CIP)数据

中国保险业区域协调发展战略研究 / 胡宏兵著 . —北京:中国社会科学
出版社,2014. 10
(中南财经政法大学青年学术文库)
ISBN 978 - 7 - 5161 - 4583 - 8

Ⅰ. ①中… Ⅱ. ①胡… Ⅲ. ①保险业 - 区域发展战略 - 研究 - 中国
Ⅳ. ①F842

中国版本图书馆 CIP 数据核字(2014)第 163934 号

出 版 人	赵剑英
责任编辑	田 文
特约编辑	盖 克
责任校对	石春梅
责任印制	王炳图

出 版	中国社会科学出版社
社 址	北京鼓楼西大街甲 158 号 (邮编 100720)
网 址	http://www. csspw. cn
	中文域名:中国社科网 010 - 64070619
发 行 部	010 - 84083685
门 市 部	010 - 84029450
经 销	新华书店及其他书店

印刷装订	北京市兴怀印刷厂
版 次	2014 年 10 月第 1 版
印 次	2014 年 10 月第 1 次印刷

开 本	710×1000 1/16
印 张	12. 25
插 页	2
字 数	210 千字
定 价	36. 00 元

总　序

　　一个没有思想活动和缺乏学术氛围的大学校园，哪怕它在物质上再美丽、再现代，在精神上也是荒凉和贫瘠的。欧洲历史上最早的大学就是源于学术。大学与学术的关联不仅体现在字面上，更重要的是，思想与学术，可谓大学的生命力与活力之源。

　　中南财经政法大学是一所学术气氛浓郁的财经政法高等学府。范文澜、嵇文甫、潘梓年、马哲民等一代学术宗师播撒的学术火种，五十多年来一代代薪火相传。在世纪之交，在合并组建新校而揭开学校发展新的历史篇章的时候，学校确立了"学术兴校，科研强校"的发展战略。这不仅是对学校五十多年学术文化与学术传统的历史性传承，而且是谱写新世纪学校发展新篇章的战略性手笔。

　　"学术兴校，科研强校"的"兴"与"强"，是奋斗目标，更是奋斗过程。我们是目的论与过程论的统一论者。我们将对宏伟目标的追求过程寓于脚踏实地的奋斗过程之中。由学校斥资资助出版《中南财经政法大学青年学术文库》，就是学校采取的具体举措之一。

　　本文库的指导思想或学术旨趣，首先，在于推出学术精品。通过资助出版学术精品，形成精品学术成果的园地，培育精品意识和精品氛围，提高学术成果的质量和水平，为繁荣国家财经、政法、管理以及人文科学研究，解决党和国家面临的重大经济、社会问题，作出我校应有的贡献。其次，培养学术队伍，特别是通过对一批处在"成长期"的中青年学术骨干的成果予以资助推出，促进学术梯队的建设，提高学术队伍的实力与水平。最后，培育学术特色。通过资助在学术思想、学术方法以及学术见解等方面有独到和创新之处的成果，培育科研特色，力争通过努力，形成有我校特色的学术流派与学术思想体系。因此，本文库重点面向中青年，重点面向精品，重点面向原创性学术专著。

春华秋实。让我们共同来精心耕种文库这块学术园地，让学术果实挂满枝头，让思想之花满园飘香。

2009 年 10 月

Preface

A university campus, if it holds no intellectual activities or possesses no academic atmosphere, no matter how physically beautiful or modern it is, it would be spiritually desolate and barren. In fact, the earliest historical European universities started from academic learning. The relationship between a university and the academic learning cannot just be interpreted literally, but more importantly, it should be set on the ideas and academic learning which are the so – called sources of the energy and vitality of all universities.

Zhongnan University of Economics and Law is a high education institution which enjoys rich academic atmosphere. Having the academic germs seeded by such great masters as Fanwenlan, Jiwenfu, Panzinian and Mazhemin, generations of scholars and students in this university have been sharing the favorable academic atmosphere and making their own contributions to it, especially during the past fifty – five years. As a result, at the beginning of the new century when a new historical new page is turned over with the combination of Zhongnan University of Finance and Economics and Zhongnan University of Politics and Law, the newly established university has set its developing strategy as "Making the University Prosperous with Academic Learning; Strengthening the University with Scientific Research", which is not only a historical inheritance of more than fifty years of academic culture and tradition, but also a strategic decision which is to lift our university onto a higher developing stage in the 21st century.

Our ultimate goal is to make the university prosperous and strong, even through our struggling process, in a greater sense. We tend to unify the destination and the process as to combine the pursuing process of our magnificent goal with the practical struggling process. The youth's Academic Library of Zhongnan University of Economics and Law, funded by the university, is one of our specific measures.

The guideline or academic theme of this library lies first at promoting the publishing of selected academic works. By funding them, an academic garden with high – quality fruits can come into being. We should also make great efforts to form the awareness and atmosphere of selected works and improve the quality and standard of our academic productions, so as to make our own contributions in developing such fields as finance, economics, politics, law and literate humanity, as well as in working out solutions for major economic and social problems facing our country and the Communist Party. Secondly, our aim is to form some academic teams, especially through funding the publishing of works of the middle – aged and young academic cadreman, to boost the construction of academic teams and enhance the strength and standard of our academic groups. Thirdly, we aim at making a specific academic field of our university. By funding those academic fruits which have some original or innovative points in their ideas, methods and views, we expect to engender our own characteristic in scientific research. Our final goal is to form an academic school and establish an academic idea system of our university through our efforts. Thus, this Library makes great emphases particularly on the middle – aged and young people, selected works, and original academic monographs.

Sowing seeds in the spring will lead to a prospective harvest in the autumn. Thus, let us get together to cultivate this academic garden and make it be opulent with academic fruits and intellectual flowers.

Wu Handong

前　言

当前，我国经济社会发展进入了重要的"战略机遇期"，同时也进入了一个"矛盾多发期"。作为以风险和不确定性为经营对象的中国保险业，也处于一个较快发展与矛盾凸显的新阶段，既面临难得的发展机遇，也存在严峻的挑战。尤其是近些年来，保险业发展的区域特征日趋明显，区域资源配置不平衡的问题日益突出。在这种背景下，研究保险业区域发展战略，探寻保险业区域发展的路径和方式，实现保险业区域协调发展，是摆在理论界和实务界面前的新课题。

"十二五"规划提出要"转变经济增长方式"，"推动各领域的改革"，"促进区域经济协调发展"，这为保险业的发展，特别是保险业区域发展指明了方向。新时期，我国保险业需要适应宏观发展战略调整的需要，抓住国家经济结构调整的契机，根据区域经济圈的区域特点、战略定位、产业布局和竞争优势，结合各区域经济社会发展的实际，确定保险差异化发展战略、挖掘保险消费潜力，提升保险服务水平，力争在"十二五"时期形成优势互补、保障民生、与经济社会发展相协调的保险业区域发展新格局。

本书是根据国家"十二五"规划的"区域协调发展"要求，结合我国保险业区域发展的现实和实践而形成的研究成果。本书以宏观经济协调发展的目标要求作为基本出发点，以区域协调发展为轴线，以保险业整体发展目标为归宿，探讨保险业为什么协调发展、协调发展什么、怎样协调发展的问题。基于上述逻辑，本书首先分析宏观发展战略变化和"十二五"规划建议，指出保险业区域发展的定位和方向；然后梳理保险区域发展的相关理论，科学界定我国保险业区域发展的内涵；接着分章阐述我国保险区域发展的现状、实证研究其协调性以及分析区域发展存在的问题和深层次原因；最后设计我国保险区域发展的路径和模式，并提出促进我国保险业区域发展的思路和对策建议。

保险业区域发展研究有着现实的经济背景，具有很强的"中国特色"，目前对该问题的研究尚不系统。本书从多个角度系统地研究了我国保险区域发展面临的一系列问题，得出的结论具有创见性和可行性。然而，必须承认的是，区域保险协调发展研究还处于初始阶段，相关文献和资料十分有限，这给本研究带来了困难。如有错误和疏漏之处，请不吝批评指正。

目　录

引　言

一、研究背景和意义

改革开放以来，我国保险业发展迅猛。从 1980 年全面恢复业务到 2011 年，保费收入从 4.6 亿元增加到 1.47 万亿元，年增长速度达 30% 以上。30 多年间，我国保险业取得了很大的增长，但是在增长过程中产生的一些结构性矛盾却并未随着保险规模的快速增长而得到解决，保险业结构性矛盾正成为保险业发展特别是可持续发展的主要矛盾和制约，其中一个突出方面就是我国保险业区域发展不协调。2011 年，我国东部、中部和西部分别实现保费收入 7339.1 亿、3605.3 亿、2455.2 亿元，所占保险市场份额分别是 54.77%、26.91%、18.32%，东部地区保费收入分别是中、西部地区保费收入的 2.04 倍和 2.99 倍；东、中、西三个区域的保险密度分别为 1327.5 元、796.6 元和 526.2 元，存在着巨大差距。严峻的区域保险发展不均衡的现实制约着我国保险业的持续、健康、快速发展。

保险发展具有促进金融稳定、刺激消费、促进贸易和动员储蓄等作用。区域保险发展不平衡不利于形成有效的市场竞争格局，不利于分散保险市场竞争风险，制约着保险市场的对外开放能力，并加剧区域经济发展的不平衡。因此，在我国保险业今后阶段的发展中，必须不断完善落后地区的保险市场，使区域保险走向协调发展，这不仅有利于整个保险市场的长期健康发展，而且有利于促进当地经济和社会的发展。

"十二五"时期我国经济和社会发展进入转变经济增长方式、推动各领域改革、促进区域经济协调发展、保障和改善民生的新阶段。我国保险业发展的区域特征越来越明显，保险资源区域配置呈现新特点。"十二五"时期既是保险业改革发展的关键时期，也是重要战略机遇期。促进保险业区域发展既是保险业发展的重要内容，也是"十二五"规划中"促进区域经济协调发展"的目标中的一个重要组成部分。本书就如何抓住未来国家宏观发展战略调整所带来的发展机遇，促进保险业区域协调发展，进行了全面的分析与总结，并就如何促进保险业与经济、社会发展相协调提出了建议。

二、文献综述

由于对区域保险协调发展理论的研究还处于初始阶段，国内外研究都相对滞后，相关文献十分有限，数据和资料比较缺乏，研究较为零散。从现有文献来看，专门探讨金融协调和区域金融问题的研究已有不少，但有关保险协调和区域保险问题的研究，国外非常有限，而在国内也是近几年刚刚兴起，有建树性的观点并不多见。可以说，区域保险研究有着现实的经济背景，"具有很强的中国特色"。

随着对区域保险市场研究的深入，研究已不只局限于保险市场的区域差异，更多学者开始关注区域保险市场的协调发展。一方面是针对保险业自身区域发展的均衡性，研究范围不仅仅是保险发展水平的地区差异，还扩展到保险市场结构差异、保险主体地区分布差异、保险产品分布等；另一方面是针对区域保险协调问题，即区域保险与区域经济的协调、区域保险与当地保险需求的协调、区域保险与其他社会因素的协调等。

1. 区域保险协调发展研究

区域保险协调研究的对象主要是保险业自身的区域特性，最重要的一个表现就是差异的存在。尽管也有不少研究提到非均衡性，但本质都是研究区域保险差异性。针对这一问题国内目前研究主要集中在两个方面：

一方面选取保险业自身发展主要指标保费收入、保险密度、保险深度、保险公司数量等指标，采用因子分析、主成分分析和聚类分析等方法将我国各省区进行归类，以研究其差异性。

乔扬（2004）选用保费收入、保险深度、保险密度、保险公司数量、保险中介机构数量、GDP保费弹性六项指标，分别用主成分分析法和因子分析法对各省区保险发展水平进行综合评价，采用聚类分析法将我国保险市场分为四类地区。徐哲和冯喆（2005）对不同的保险市场按保费收入、保险密度和保险深度进行分组，采用分层聚类分析法，以保费收入、保险密度和保险深度为聚类变量，对2002年全国31个省市的保险市场总量进行聚类研究，按不同的发展水平对这些省市进行区分，最终分为三类地区。刘志雄（2005）采用聚类分析法，从财产保险业和人身保险业两个方面，选取保费收入、保险密度和保险深度 3 个指标，对我国保险业发展水平地区差异进行了聚类分析，并且分析了同一地区财产和人身险种的差异。田霖（2005）通过聚类分析得到了我国保险市场发展的结构布局，总共分为 3 个大的梯队，直观地描述了我国保险市场的区域差异性，结果显示，我国保险市场的区域差异性较大，地域结构呈现一定程度的复杂性。黄薇（2006）指出我国保险业在高速增长的同时，出现了保险市场区域发展不平衡的问题，它是当前我国保险市场结构性矛盾的一个重要方面，也是经济发展不平衡的一个重要表现。随着保险业的进一步发展，地区间的不平衡将逐渐加剧，由此产生的一系列问题已经对我国保险业持续健康快速发展产生了不利影响。因而，保险业发展的地区差异值得引起重视。

蒋才芳（2008）首次引入保险业绩指数，来衡量各省市区域保险地位和经济地位的关系，在对保险发展业绩进行分析和评价后，进行聚类分析，结果显示，1997—2007 年间我国各省市保险业绩指数存在下降趋势，各省市区域保险发展水平正在放缓，部分省市的保险地位发展速度逐渐落后于其经济地位的发展速度；同时，各省市保险业绩指数差异正在缩小，离散程度正在逐步下降。

另一方面，选取保险业自身指标和影响保险业发展的因素，采用因子分析、聚类分析、灰色关联度分析等方法进行区域聚类，以反映其差异性。

楚天骄（2002）首先选取影响区域保险市场发展的经济因素，包括人口总量、人口结构、城市化水平、经济总量和人均量、产业结构、市场开放程度、保险市场的基础等诸多方面，采用主成分分析法对诸多影响因子进行筛选，找出最具代表性的关键因素，对这些关键因素进行聚类分析，考察区域保险市场发展的总体状况。田霖（2002）选取 8 个指标，包括居民储蓄、保费收入、产业结构变动、固定资产投资额、实际利用外资额、人均地区生产总值、人均可支配收入和保险机构，通过因子分析得出我国各省市保险业发展状况。郭建博（2009）通过选择 2000 年预期寿命、金融业职工人数、金融业职工平均工资、金融业固定资产投资、交易经费情况，应用灰色关联分析法评价相关指标因素对我国保险市场区域差异的影响及相关程度进行分析。也有研究者将区域保险与地理因素相结合提出了区域保险空间布局研究，主要是通过统计技术方法对我国各省区保险业发展水平作总体上的评估，并对经济发展水平不同的四类地区的保险业发展水平进行实证分析，定量描述保险业区域发展不平衡的程度（朱俊生，2005）。郑伟和刘永东（2008）利用保费收入、保险密度、保险深度和保险业绩指数，以数据地图的方式直观地显示了我国保险业的层级分布状况。

2. 区域保险与经济协调发展研究

在经济发展理论上一直有平衡和不平衡增长的争论。平衡增长理论以哈罗德－多马新古典经济增长模型为理论基础，强调产业与地区之间的关联性与互补性，主张均衡部署各产业和各地区之间的生产力，最终实现产业与地区经济协调发展。不平衡增长理论由 Albert. O. Hirschman 等人提出，这种理论强调经济部门与产业的不平衡发展，认为应该优先投资和发展关联效应大的产业，倡导把不平衡增长当作实现国民经济有效增长的最佳途径。不平衡增长理论遵循了非均衡增长的规律，突出重点产业与重点地区，侧重于提高资源的配置效率。

目前国内已经有不少学者开始研究保险业与经济的协调性，由于我国经济发展的区域特性，因此主要从区域角度来进行分析。一种观点认为我国保险业的发展呈现与经济发展相适应的东、中、西梯度差异，即与经济发展基本协调；另一种观点则认为，区域保险发展与区域经济发展不协调。关于保险与经济发展关系的研究，已有文献基本都只着眼于将一个国家当作一个整体，研究的是一个国家内部保险发展与经济发展的关系。

国外文献一般将着眼点放在保险在经济发展中的作用和经济对保险市场供求的影响两个方面。小哈罗德·斯凯博等（Harold D. Skipper, Jr）在《国际风险与保险：环境—管理分析》一书中对保险在经济发展中的地位和作用做了系统阐述，他指出，在经济发展过程中，保险可提供 7 种主要服务，分别是：保险可以促进金融稳定、减轻焦虑，保险可以替代政府保障社会安全，保险可以推动贸易和商务，保险激活储蓄，保险可以促进风险的有效管理，保险可以鼓励减损，保险可以推进资本有效配置。

经济对保险市场供求的影响则主要体现于保险供求理论中，国外很多学者对保险需求和供给的性质和决定因素做过详细论述。Yaari（1965）用家庭消费和储蓄的生命周期模型模拟了寿险需求。Mossin 和 Smith（1968）提出了风险厌恶决策者保险需求的一个简单模型。迪翁和埃克杜（1984）研究了储蓄对保险的替代作用，论证了在递减性风险厌恶情况下，储蓄和保险为希克斯（Hick Sian）纯替代品。麦尔斯与史密斯（1982）从现代金融理论的角度分析了企业保险需求。财产权的明晰化与法制化将刺激财产保险需求（Skipper，1991；Eshoetal，2004），而政府广泛提供保障计划（Beenstock，Dickinson & Khajuria，1998；Kim，1988）以及通货膨胀率（Babble，1981；Outré Ville，1996）会抑制寿险需求。

人们对保险供给的性质和决定因素了解得很少。由于无法精确定义和衡量保险产出，因此在任何情况下保险供给都无法进行直接测算。不过，无论何种定义，保险供给都是与保险人的风险承担能力正向相关的。由于风险承担能力又取决于保险人的资本和盈余承保能力（McCabe & Witt，1976），这样，一个国家的市场承保能力就表现为投资人为承担风险而提供的总资本以及资本承担风险的密度的函数。假如投资者不愿意提供额外的资本，或者经理人员不愿意让一定的资本水平去承担额外的风险，就会产生承保能力危机。在非寿险领域，每隔一段时间这样的危机就会出现一次，其结果是一些险种变得非常稀缺甚至绝迹。

尽管肖志光（2007）是从保险需求的角度来定义保险市场的区域均衡，但是也从一个侧面反映了区域保险协调性应该涉及一个地区保险与经济以及社会其他因素的协调性。他将一个地区保险市场发展水平与经济发展水平的协调性定义为该地区保险市场发展水平排名与经济发展水平排名之差的平方；一个地区保险市场发展水平与市场成熟度的协调性定义为该地区保险市场发展水平排名与市场成熟度排名之差的平方。

魏华林和冯占军（2005）首先指出了保险产业与经济协调发展所具备的三个特征，即保险产业增长与经济发展的水平和态势相协调，保险产业结构与经济结构、经济的市场化和法制化程度相协调，保险产业制度与经济发展水平和市场化程度相协调。我国保险产业与经济协调发展的状况表现在保险产业增长、保险产业结构、保险产业制度三个方面存在着与经济发展的不协调。

对区域保险经济协调性的实证研究相对薄弱。薛伟贤和王强（2008）基于协同论理论基础，根据功效函数构建了协调度模型，利用区域经济子系统和保险子系统构建区域保险经济指标体系，计算了从2001年至2005年我国区域保险经济协调度。任泽华和杜世奇（2008）以四川省为例，从保险业对经济社会的贡献度角度，提出了较全面的保险业与经济协调性的指标，但是并未进行实证分析，包括保险业对社会安全体系的贡献度、对社会保障体系的贡献度、对经济增长的贡献度、对社会就业的贡献度四个方面。与以上研究存在较大差异的观点认为，以可比意义的"相对于经济发展的保险业发展水平"来衡量，我国保险业在东、中、西三大区域间的发展程度实际上是较为均衡的，在过去一段时期，这种均衡状态不仅较为稳定，而且有所改进（郑伟、刘永东，2008）。

3. 区域保险与社会环境协调发展研究

就某一地区的特定因素对财产保险或者人身保险的影响，国外做了较多的研究。James Shanteau（1992）系统研究了人们的心理因素对购买保险的影响，其中包括人们对风险和不确定性因素的反应如何转化为购买保险行为。心理因素也会呈现出不同的地域差异性，即不同的社会制度、工作和生活环境下，人们的风险意识不同。风险意识越强，越会采取措施去回避风险、转嫁风险，即购买保险。Carlo Devillanova（2001）利用一个三因素动态模型分析了因移民人口流动导致的风险与区域保险的研究，研究表明，劳动力的流动不能够完全消除地区收入差距，财政稳定机制是最佳选择，而风险分担机制对劳动力流动几乎没有影响。Andy C. W. Chui 和 Chuck C. Y. Kwok（2009）探讨了国家的文化状况对寿险的影响。他们用 1966 年至 2004 年的 38 个国家的数据分析表明，寿险消费和小组集体主义、权力距离有很强的关联性，即使控制了其他国家层面变量如国民收入、预计通货膨胀率、银行业发展、投资者保护的指数、扶养人比率、预期寿命和宗教等，这种关系仍继续存在。

由于近年来美国东南沿海和海湾地区飓风灾害的增加，导致了居民人身、固定资产等重大损失越来越严重。美国一些州政府根据不同的灾害状况制定了相应的监管和补偿机制，其目的是合理发挥保险对风险转移和社会的补偿作用，对地区保险业发展产生了一定影响。J. - P. Pinwlli 和 K. R. Gurley（2008）用佛罗里达州的飓风损失数据对公共飓风损失模型（Public hurricane loss model）的预测功能进行验证，指出该模型同样适用于其他飓风多发地区。除了风险建模之外，美国政府通过建立佛州公民财产保险公司（Citizens）和佛州飓风巨灾基金（FJCF）来构建飓风巨灾的损害补偿机制。Sammy Zahran 和 Stehan Weiler and Samuel D. Brody（2009）对佛罗里达州从 1999 年至 2005 年的家庭洪水保险进行研究表明，家庭购买洪水保险与当地政府的减灾活动、灾害经营和估计的调整、社区人口有较强的关系。美国加州通过立法强制在加州出售房主保险的保险公司必须同时出售地震保险和建立加州地震保险局（California Earthquake Authority,

CEA）两种措施，保证加州地震风险的转移，并促进了保费收入，2005 年 CEA 总直接保费收入就达到 5.034 亿美元。

区域保险产品和区域保险政策会对区域社会生产产生影响。Jeffrey J. Pompe 和 James R. Rinehart（2008）就这一问题进行研究，提出了减少灾害损失的有效解决途径：第一，海岸财产保险公司的公共和私人供给；第二，在东南各州设立洪水和飓风保险。此研究显示了区域保险与区域特定社会需求之间的关系，区域风险因素会导致一定保险产品的开发，增加保费收入。

我国目前的研究主要集中在理论层面，强调区域保险对社会的保障作用，并未根据特定地区的风险因素进行模型设定和全国范围的推广。熊海帆（2004）运用新时期区域经济理论与保险经济理论系统分析了我国保险业的不平衡状况，指出保险业发展的区域不平衡会妨碍国民经济结构的优化调整和经济总量的可持续增长，还可能因地区间贫富悬殊的加剧而诱发社会不稳定因素和政治危机。

4. 区域保险协调性影响因素分析相关研究

区域保险受区域保险企业组织形式及结构、保险企业经营能力、保险营销模式、保险市场化程度、保险市场结构、保险监管、保险法律、保险政策等内部条件和区域风险、经济、社会、人口、观念等外部条件的共同影响（孙秀清，2007），但就全国而言，各保险市场主体在险种布局和险种结构上存在着严重的趋同现象（林涌，2003）。区域保险协调性的影响因素现有研究可以归纳为经济的不平衡性、社会环境差异性、保险业供给地区差异等。众多研究认为造成区域保险差异性的第一因素为我国区域经济发展的不平衡性。我国经济发展的区域不均衡性使得保险市场的区域发展不均衡性将长期存在（徐哲、冯品）。经济发展水平是解释差异性的最重要因素（陆秋君和施锡铨，2008；张伟，2005；朱俊生，2005；王金铎，2006），东西部经济发达程度的不同导致地区保险业发展的不平衡（刘志雄，2005），省际保险业发展失衡的主要原因是经济发展水平的差异，而不是社会文化环境和法律环境的差异（吴祥佑，2009）。但也有不同的观点：各地区保险市场发展水平不会随着经济的发展而必然趋同，保险市场环境的差异是导致区域保险市场发展水平差异的一个重要因素（肖志光，2007）。

人口因素包括人口素质、人口年龄结构、区域人口发展不平衡、风险意识、地区文化差异（朱俊生，2005；张伟，2005；陆秋君和施锡铨，2008）。虽然地区保险业发展与人口多少、经济实力、文化习惯有着密切的联系，但不一定与人口、经济及文化发展呈正比（韩艳春，2004）；就保险业自身而言，造成区域差异的因素包括保险业规模和范围、市场体制、产品结构、竞争能力、保险投资渠道（刘志雄，2005）、保险产业对策、保险市场供给要素的地区差异（朱俊生，2005；王金铎，2006）等；此外还有社会保险水平、社会保障水平、非公有制经济、经济发展要素收入水平、产业结构、社会发展状况社会保障水平、就业状况、政策因素等。

保险业对外开放后，经济开放度也是其重要影响因素之一。东部的经济开放度和金融市场发育程度比中西部高（何枫，2004）。地区间经济发展水平的差异可以归因于经济开放水平的差异（罗汉、艾燕琳、毛锦云，2004）。我国首先开放的城市都集中在东部，东部的保险业发展相应较快。外资保险公司率先在东部开放城市设立分支机构，开展保险业务，一方面增加了保险产品供给主体的数量，另一方面也激励国内保险公司积极开发新产品、提高服务质量，这就加快了东部保险业的发展步伐（张伟、郭金龙、张许颖、邱长溶，2005）。开放环境对区域保险差异形成的影响程度在不断增大（孙秀清，2006）。全面开放使东、中、西部保险市场上保险机构数量和分布密度形成了较大差异，但从业务规模和市场份额角度看，影响并不明显。影响最早、最大的还是东部尤其是东部开放地区，这使东部地区保险市场的竞争程度、市场开拓能力和创新能力远高于中西部地区，会使区域保险差异进一步加大。

三、研究思路和主要内容

本书以区域保险运行的内在联系与宏观经济协调发展的目标要求作为研究的基本出发点，以区域协调发展为轴线，以国家保险业整体发展目标为归宿，始终贯穿为什么协调发展、协调发展什么、怎样协调发展的逻辑思路进行论述。

本书第一章主要是结合宏观发展战略变化背景和"十二五"规划的建议，对保险业区域发展进行定位。指出保险业改革应充分考虑国家宏观发展战略和"十二五"规划，抓住国家经济结构调整的契机，根据区域经济圈的区域特点、战略定位、产业布局和竞争优势，结合各区域社会建设和社会管理的实际，激发、挖掘保险消费潜力，鼓励各区域合理定位，开展差异化竞争，力争在"十二五"时期形成优势互补、有力保障民生、与经济社会发展相协调的保险业区域发展新格局。

本书第二章对区域发展理论进行介绍，从保险区域相关概念界定、保险业区域发展的相关研究、区域保险假说理论三个方面诠释保险区域发展基本含义，得出的结论是：保险业区域发展不仅仅是保险业自身的发展，也不仅仅是保险业空间布局、保险公司区位选择的简单概括，还是从保险业整体发展的高度，利用市场机制和区域政策工具，推动各区域内的保险发展和区域间的保险合作，实现保险业全面、协调和可持续发展目标的一系列保险活动的综合反映。区域内保险发展的 S 型假说和区域间保险发展的倒 U 型假说为研究、解释我国保险业区域发展提供了有益的思路和方法。

本书第三章对我国目前的区域保险发展现状进行了考察。分省级行政区域、东中西三个区域、全国八大区域，选取保险规模、发展水平和集中度指数等分别研究我国保险业区域发展的市场规模和市场结构现状，得出的主要结论是：保费收入具有由西向东的梯度性特征；保险经营主体分布差异较大；保险密度、保险深度区域布局具有空间收敛性；国内各省保险发展规模与经济地位不相匹配，各地区保险与经济发展的匹配度存在巨大差异；保险业业绩指数呈缓慢下滑趋势，表明多数地区保险业发展滞后于经济发展；我国保险业发展存在明显的地区差异，东部与中西部差异较大，中西部差异不明显，且东部存在三种类型区域，中部无明显差异，西部发展不均较明显。

本书第四章主要是对我国保险业区域发展的协调性进行实证研究。在实证过程中将我国区域保险发展协调度分为区域间保险发展协调度和区域内保险发展协调度两部分来阐述，区域间保险发展协调度采用距离协调度模型，区域内保险与经济发展协调度采用综合协调度模型，得出的主要研究结论是：我国保险业区域发展无论在区域间，还是在区域内都存在区域不平衡性与不协调性问题。

本书第五章对我国保险业区域发展存在的问题及原因进行了分析总结。分析发现目前我国保险业区域发展中存在的主要问题是：保险业区域发展存在巨大差异和区域发展不协调性问题。而造成我国保险业区域发展出现这些问题的原因是多方面的，包括区域经济发展不平衡、人均可支配收入不平衡、产业结构的地域性差异、保险供给水平不平衡、保险对外开放度差异、金融市场发育程度、人口数量和素质结构变化、保险供给主导特征等。

本书第六章通过不同发展情景的设定，设计区域保险协调发展的路径。首先采用间接和直接两种方法确定区域保险发展的目标，通过定量分析方法识别出影响我国保险业区域差异性的关键因素，综合分析比较未来保险业区域发展的惯性情景、理想情景和适宜情景，结合目前区域保险发展特点，得出的区域保险协调发展路径是：东部地区宜选择与经济地位相匹配模式，重点挖掘保险潜在资源，刺激保险需求，提升保险与经济、社会发展协调度，引领保险业发展；中部地区宜选择社会环境协调发展模式，保险业发展应该与其地理区位优势双重性、资源环境优势双重性、农业优势双重性三个方面相适应；西部地区宜侧重规模扩张追赶模式的发展路径，加大对保险业发展政策扶持力度，积极培育，大力发展西部保险市场，彰显保险业的作用，促进西部大开发的顺利推进。

本书第七章再次明确了促进保险业区域发展的总体思路以及促进保险业区域发展的目标，并就如何促进我国保险业区域协调发展提出了一些策略和建议。建议主要有转变发展方式，提升发展动力，促进保险资源均衡优化配置；按照市场经济原则，建立多层次的保险体系；完善收入分配政策，培育区域保险发展的需求环境；发展区域保险经济圈，支持区域经济圈发展；建设全国保险中心和区域保险中心，带动区域保险发展；继续推动保险区域发展试验区建设；实施促进保险业区域发展的差异化策略；大力发展保险教育，促进保险区域发展；充分利用区域优势，发展保险国际合作；大力推动各地区保险信息化建设。

四、本书的研究方法

本书主要采用以下研究方法：

一是比较研究和归纳。本书对区域保险相关概念、理论及已有的研究成果进行梳理，这是一个归纳的过程，为研究提供了理论和方法上的支撑。而在研究我国区域保险的现状时，分别进行了纵向上历史发展阶段的对比以及横向上保险空间布局的区域对比。

二是定量分析与定性分析相结合。对保险区域发展的研究是基于区域保险与经济数据，通过相关软件进行合理分析，通过定性分析设定区域保险关系，选择合理指标，运用经济数据对区域间和区域内协调度进行测度，在定性分析和定量分析的基础上，又通过构建合理模型进行研究，提出了区域保险发展路径。

三是实证分析与规范分析相结合。通过设定区域保险关系，运用距离协调度模型对我国区域间保险发展协调度进行计量分析，运用综合协调度模型对我国区域内保险与经济发展协调度做了计量分析。

四是系统分析与因素分析相结合。将区域保险协调发展问题作为一个系统进行综合分析，并找出解决协调发展问题的方案。首先分析区域保险的非协调性及其原因，通过设定目标确定备选方案，并提出方案的实现方式。在区域保险协调性的影响因素分析中，要研究协调性的各种因素，再通过实际的经验检验来识别关键影响因素。

五、本书的创新之处

在我国，保险业区域发展研究有着现实的经济背景，"具有很强的中国特色"，但是目前对于这个问题的研究并不系统。本书在宏观发展战略变化的大背景下，结合"十二五"规划的精神，系统地介绍了保险区域发展的相关理论、分析了保险业区域发展的现状，从多个角度对我国区域保险非均衡性的发展进行了较为科学的测度。

一是基于区域经济学的视角，结合我国的经济实际，提出了新的区域保险划分方法，比如首次根据八大区域划分法对保险业区域差异进行分析。

二是构建了较为完整的我国区域保险发展评价指标体系，首次从静态和动态的角度对我国区域保险非均衡性发展进行了较为科学的测度。

三是强调区域经济水平差异是影响区域保险发展的首要要素，分析区域经济对区域保险的影响，在此基础上考量其他因素对区域保险发展的影响，并采用面板数据和时间序列数据进行分析，以期得出更为科学的结论。

四是提出采用情景分析法中的适宜模式来确定保险区域发展的目标，然后针对不同区域提出针对性的发展路径建议。

第一章　宏观发展战略变化与保险业面临的机遇和挑战

中共十七届五中全会审议通过的《中共中央关于制定国民经济和社会发展第十二个五年规划的建议》指出，"十二五"时期（2011—2015），是全面建设小康社会的关键时期，是深化改革开放、加快转变经济发展方式的攻坚时期，也是我国发展的重要战略机遇期。坚持科学发展，转变经济发展方式，注重全面协调可持续发展，将是国家未来五年宏观发展战略的主旋律。

"十二五"规划建议中，重要战略规划目标之一是促进区域协调发展。具体来说，是要实施区域发展总体战略和主体功能区战略，构筑区域经济优势互补、主体功能定位清晰、国土空间高效利用、人与自然和谐相处的区域发展格局，逐步实现不同区域基本公共服务均等化。为实现这一目标，"十二五"规划建议第18条"实施区域发展的总体战略"中提出了实施西部大开发、振兴东北老工业基地、促进中部崛起、支持东部地区率先发展的具体政策指导思想。

"十二五"时期既是保险业改革发展的关键时期，也是重要战略机遇期。作为保险业发展的重要内容，保险业区域发展的基本任务是：以国家宏观发展战略和"十二五"规划为基础，充分抓住国家经济结构调整的契机，结合区域优势，根据区域经济圈的产业布局，充分考虑各区域的战略定位和竞争影响，结合各区域社会建设和社会管理的实际，抓住机遇，引领发展，激发、挖掘保险消费潜力，鼓励各区域合理定位，公平竞争，形成区域保险优势互补、有力保障民生以及与经济社会协调发展的新格局。

第一节　我国宏观发展战略变化及区域发展新态势

一、我国宏观发展战略变化的新特征
目前，我国发展过程中，区域发展、资源环境、发展方式的不平衡、

不协调、不可持续问题凸显，国家对经济发展战略和政策进行了重大调整，其调整变化的特征有以下四个方面：

1. 发展战略的总体性

改革开放以来，尤其是进入新世纪、新阶段，我国经济发展正在从以行政区划为主体的"省份经济"向区域间经济合作以及协同"总体经济"发展战略转变，核心是把我国划分成四大经济板块，即东部地区、中部地区、西部地区和东北地区，其战略方向是东部率先、中部崛起、西部开发和东北振兴。国家在四大版块的"总体经济"发展战略下，又实施了打造经济"增长极"的区域发展战略。到2011年6月，国家先后批准了9个国家级综合配套改革试验区和9个纳入国家级区域规划的经济区。国家级综合配套改革试验区包括上海市浦东新区、天津市滨海新区、广东省深圳市国家级综合配套改革试验区、成都市统筹城乡综合配套改革区、重庆市统筹城乡综合配套改革试验区、长株潭城市群两型社会建设综合配套改革试验区、武汉两型社会建设综合配套改革试验区、沈阳国家新型工业化综合配套改革试验区及山西省国家资源型经济转型综合配套改革试验区。纳入国家发展战略的经济区包括关中－天水经济区、广西北部湾经济区、黄河三角洲高效生态经济区、辽宁沿海经济区、珠江三角洲地区、江苏沿海经济区、吉林图们经济区、横琴岛经济区及海西经济区。这一系列区域发展规划的批复和出台，无论是从数量还是从速度来看，均为新中国成立以来所罕见，也使我国形成了"总体经济"发展战略下的区域增长极格局。表1－1显示了东部、东北、中部、西部四个大区域内的改革实验区。

表1－1　　　　　　　　　　　　中国改革实验区统计表

区域	区内的改革实验区
东部	上海浦东新区、天津滨海新区、深圳经济特区、海西经济区、江苏沿海经济区、横琴岛经济区、黄河三角洲生态区、珠江三角洲地区
东北	辽宁沿海经济区、沈阳新型工业改革区
中部	武汉城市圈、长株潭城市群、鄱阳湖生态经济区、吉林图们经济区、山西资源转型改革区
西部	成渝综合改革试验区、北部湾经济开发区、关中－天水经济区

资料来源：根据国家发改委网站资料整理。

2. 发展布局的功能性

国家除了提出总体发展战略，还提出建设主体功能区的设想。在统筹考虑未来我国人口分布、国土利用、经济布局与城镇化格局的前提下，根据资源环境承载能力、现有开发密度和发展潜力，将国土空间划分为优化开发、重点开发、限制开发及禁止开发四类主体功能区（唐智敏等，2010）。从四类主体功能区的划分范围来看：所谓优化开发区域，是指国土开发的密度已经很高、资源环境承载能力逐渐减弱的区域，实际上也就是指长三角、珠三角以及环渤海等沿海发达地区；重点开发区域则是指资源环境承载的能力比较强、经济与人口集聚条件比较好的区域，这些地区主要是广大的中、西部地区城市集群区；限制开发区域指的是资源环境承载能力比较弱、规模集聚经济以及人口条件不够好但是却事关全国或较大区域范围内生态安全的区域，主要是一些需要保护的生态区域，实际上现在的农业区也都被划分到这个区域；禁止开发区基本是指现在已经设立的各种自然保护区。

3. 产业发展的规划性

提出总体战略和功能区建设的基本依据是，我国当前正处于转型升级的关键发展阶段。统计数据表明，截止到 2008 年，中国经济特别是一些沿海发达区域的经济都迈上了新台阶。从以往工业化国家的历史经验可以推论，2010 年全国人均 GDP 超过了 4000 美元，这意味着我国社会经济整体上已达到或正在完成技术成熟过渡阶段，已经积蓄了足够能量来启动大众的高消费阶段。依据美国经济学家罗斯托教授的"经济增长阶段论"，所谓"成熟阶段"，是指"一个社会已经把（当时的）现代技术有效应用于其大部分资源的时期"，产业多样化、新的主导部门发展壮大并代替"起飞"阶段的老部门是其主要标志。而所谓"大众消费阶段"，一个重要内涵就是城市化加速及城市人口居住的郊区化。在这样的转型升级的发展阶段，我国产业政策也进行了重大调整。国家先是推出"十大产业"振兴规划，即钢铁、汽车、船舶、轻工、纺织、石化、有色金属、装备制造、电子信息和物流，然后又在 2010 年提出《战略性新兴产业发展规划》，包括新能源、新材料、节能环保、电动汽车、新医药、生物育种和信息产业七大战略性新兴产业，围绕这七大战略性产业，政府出台了我国新一轮刺激经济发展的战略举措。

4. 完善宏观政策调控的常态性

为充分发挥市场在资源配置中的基础性作用，同时也为了管好市场这只"无形之手"，掌控全局与地方发展，一国政府需要适应市场发展变化对经济政策、措施进行一定范围的调控。特别是受国际金融危机的影响，世界经济包括我国经济都进入了一个加速调整的阶段，而且，这种调整的状态非常频繁和剧烈。2007年，为了防止"经济发展过热"，中央政府实施了"有保有压，区别对待"的宏观调控政策，包括"货币政策从紧"、"土地政策从严"和"财政政策转向"等等；而到了2008年的下半年，为了应对全球金融危机的影响，防止经济发展过度萎缩，我国宏观政策调整为实施以扩大内需为核心内容的适度宽松的货币政策和积极扩张的财政政策。到了2009年5月，中国人民银行发布《中国货币政策执行报告（2009年第二季度）》，提出下阶段将坚定不移地继续落实适度宽松的货币政策，同时根据国内外经济的走势以及价格变化，注重运用市场化手段来进行动态微调。2010年年初，央行又提高法定存款准备金率，目标是为了遏制商业银行非均衡投放信贷的势头，而且把抑制通胀和资产泡沫置于更加突出的地位（上述政策调整见图1－1）。加强和完善宏观政策调控，保持经济平稳和可持续增长，成为我国经济发展过程中长期需要面对的任务。

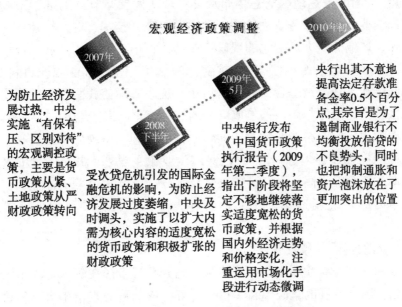

图1－1 2007—2010年我国宏观经济政策调整图

二、我国宏观发展战略变化激发的区域发展新态势

我国宏观发展战略的变化，激发了我国经济发展格局的新态势，使我

国区域经济发展的走向和决策思路呈现适时变化的轨迹。我国区域经济发展的新态势表现如下。

1. 积极推出区域发展规划

国家总体发展战略激发的态势，过去主要是地方向中央要项目和资金，现在更多的是地方政府向中央政府要规划。尤其是 2009 年以后，国家相继出台了十大产业振兴规划，各省区市掀起了搭车国家层面区域发展规划谋求地方层面发展的热潮。比如说，江西省提出要建设"环鄱阳湖生态经济圈"，安徽提出要建设"皖江经济带"，河南省提出打造"中原城市群"，辽宁省提出环渤海经济带，陕西省提出建设"关中经济区"和"西咸新区"，新疆则提出构筑"环天山经济圈"。在中央和地方双重动力的推动下，地方区域发展全面铺开。地方政府正努力依据自身的实际需要找准到自己的定位，寻求新的发展途径。

2. 前瞻布局产业梯度转移

国家不仅对国土进行了功能划分，还对功能区产业发展进行了"转折性布局"。沿海发达地区的总体布局是：产业发展坚持"高端"取向，以先进制造业和现代服务业为基础，大力发展高新技术产业，构建产业结构高级化、产业竞争力高端化的现代产业体系；中部地区的产业布局可以归纳为"三个基地一个枢纽"，即重要的粮食生产基地、能源原材料基地、装备制造业基地以及综合交通运输枢纽。这个布局使我国经济发展体现出阶梯性特征，沿海与中西部形成巨大的经济落差，有了这种"落差效应"，东部发达地区的下游产业就会转移到中西部内地，呈现阶梯性特征，形成产业的"内部回旋"。另外，我国实施产业振兴规划，其目的是要大力限制和淘汰高能耗、高污染、高排放以及部分产能严重过剩的产业，一些尚具竞争力的传统制造业由东向西转移发展，也必将导致大规模的产业转移。

3. 自发推进区域发展合作

为建立和完善我国市场经济体制，充分发挥市场在资源配置中的基础性作用，国家发展的重心不断下移，经济发展的重心也由中央、省级向市县甚至乡级和企业逐步下移，地方拥有越来越多的自主发展权。更重要的是，随着区域一体化进程的加快，户籍制度改革、社会保障体系跨地区衔接以及基本公共服务均等化的推进，全国统一的人力资源市场将加速形成，从而有力地推动了全国各地比较优势和规模经济的发挥。同时，地方政府，特别是基层地方政府事权财权的进一步扩大，围绕产业、人力资源升级转型和经济核心圈带的形成，地方政府之间的竞争和合作将进入新的阶段（唐智敏等，2010）。

4. 合理运用区域赶超效应

跟随国家宏观发展战略的不断变化，为了抢占世界经济发展的制高点，实现局部地区的崛起，我国多数区域发展以"弯道追赶"为策略，呈现出赶超发展的态势。作为中国经济发展的重要引擎，上海提出了打造总部经济的构想。为此在中长期发展规划中，上海市提出要在21世纪前20年内建成国际经济、金融、贸易和航运中心。广东提出并实施高端发展战略，抢抓全球化发展的新机遇，构建粤港澳紧密合作局面，加强与东盟的合作，打造国际竞争的新优势。江苏省、浙江省紧紧围绕工业化转型、城市化加速、国际化提升等着力点，积极推动经济转型升级，努力实现从"制造"向"创造"的转变，以及从经济大省向经济强省的过渡。福建省将自己定位为拥有"后发"优势的省份，计划借助海西经济区建设来实现新的崛起。江西省实施对接"长三角"、"珠三角"战略，跟进海西经济区，建设环鄱阳湖经济区，力图实现中部崛起。

第二节 "十二五"规划与未来宏观发展战略新任务

一、"十二五"规划的主基调：加快转变经济发展方式

1. 以科学发展为主题

科学发展是时代的要求，它关系到改革开放和现代化建设全局。我国是拥有13亿人口的发展中大国，处于并将长期处于社会主义初级阶段，发展仍然是解决我国所有问题的关键。在现阶段的中国，坚持发展是硬道理，更加注重全面协调可持续发展，更加注重统筹兼顾，坚持以人为本，保障和改善民生，促进社会公平正义，就是要坚持科学发展观。

2. 以加快转变经济发展方式为主线

当前，我国已经进入了只有加快经济发展方式转变，才能持续发展的关键时期。加快经济发展方式转变关系改革开放和社会主义现代化建设的全局。正是基于这个背景，"十二五"规划的主基调是"加快转变经济发展方式"，关键在"加快"，成败在"转变"，主题是改革，内容是创新。

按照这个主基调，在"十二五"规划中，第一要务仍然是发展。2012

年我国人均 GDP 在全球排名仅第 87 位，发展仍是硬道理，是解决当前一切问题的"总钥匙"，没有经济社会的平稳较快发展，就难以实现富民强国，也难以根本解决各类社会矛盾。在世情、国情和社情的大发展、大调整与大变革中，发展方式必须全面调整，要走"坚持以人为本，坚持全面、协调和可持续，坚持统筹兼顾"的道路。

3. 以促进经济长期平稳较快发展和社会和谐稳定为目标

"十二五"规划推进经济发展方式转变，是一场广泛而深刻的变革。这个转变是有促有控的转变，是调优调强的转变，其目的就是要保持经济的长期平稳较快发展。改革是发展的必由之路，转变也是发展的必由之路，"十二五"期间加快转变发展方式，是发展理念的变革、模式的转型、路径的创新，是一种综合性的、系统性的、战略性的转变，它贯穿到经济社会发展的全过程和各领域，与改革开放的要求一脉相承。

二、 "十二五"规划建议解读：未来国家宏观发展六大战略任务

在上述发展战略主导思想下，"十二五"规划着眼完成未来国家发展的六大战略任务。

1. 铸就内需主导的发展动力①

扩大内需是我国经济发展的基本任务和长期战略，也是转变经济发展方式、调整经济结构的重要内容，以内需为主导，这是大国经济发展的重要动力。

我国人口众多、地域广阔、市场庞大，内需潜力是发展的最大优势。只有把经济增长建立在国内需求的基础之上，才能更好地抵御外部冲击，牢牢地把握发展的主动权。当然，扩大内需并不是要减少外部需求，而是继续拓展和稳定外部需求的更加开放条件下的扩大内需②。

（1）扩大消费是提高经济内需型增长的根本途径。我国扩大内需，释放内需潜力，关键在于扩大消费。从消费需求来看，重点在于中低收入群体消费能力的增加；从城市和农村来看，统筹城乡发展是方向，要将巨大的农村潜在消费能力逐步转变成现实消费能力。

一是要处理好内需中投资和消费的关系。要扩大内需，就要发挥投资和消费的协调拉动作用，要把增加消费需求作为主要着力点，把投资增长

---

① 《解读十二五规划启动重大利益调整改革》，《中小企业管理与科技》(中旬版)2010 年第 7 期。

② 王健君、王仁贵：《解读十二五规划：启动重大利益调整改革》，《瞭望》2010 年第 7 期。

更好地与扩消费、惠民生结合起来，实现一举多得。比如保障性住房的推行，既拉动了投资，又增加了居民消费需求。

二是要合理调整收入分配关系，促进消费。消费不仅关系着增长，更是关系着民生。扩大消费，主要是要提高人民群众的消费能力，这必然要涉及收入分配问题。收入分配关系不但关系到消费能力，而且关系到社会的和谐稳定，甚至关系到民心的向背。这个问题的解决，涉及公平、效率及劳资关系问题，还涉及中央和地方、政府和企业、企业和劳动者之间的利益协调等问题。

上述问题是一个重大的社会矛盾隐患，必须下大力气解决。当前，应该更加关注就业、创业以及劳动报酬占初次分配的比重，更加关注社会保障与公共服务在二次分配中占的比重，继续提升居民收入在国民收入分配中的比重。特别是要提升劳动报酬在初次分配中的比重，建立合理的机制，促进经济发展和社会和谐。

（2）扩大内需另一个巨大潜力在于统筹城乡发展。在"十二五"时期，我国城镇化率将会突破50%，意味着将有一半以上的人口工作和生活在城镇，这不仅会提升农村居民的生活消费，由农民变成市民以后，其消费支出将大大高于在农村的时候。

城镇化战略关系到现代化的全局，既要抓住城镇化战略转折带来的机遇，又要持续、有序地释放出巨大的内需潜力。在城镇化的地理布局上，我国"十二五"期间的目标是要形成以长江与陇海线为横轴，以沿海、京广、京哈、包昆干线为纵轴的"两横三纵"局面，统筹大中小城市和小城镇的协调发展，构筑从东到西、由南到北梯次递进的城镇化格局。

2. 扭转区域发展不平衡

区域发展不平衡是制约未来中国经济社会发展的巨大瓶颈。区域协调发展事关经济发展的稳定性和可持续性，也关系到发展的后劲，甚至是国家安全。因此，必须要对各区域统筹考虑，实施区域发展总体战略，贯彻两个大局战略思想，促进区域协调发展。

（1）坚持把实施西部大开发战略放在区域发展总体战略的优先位置。20世纪80年代，邓小平同志就提出了两个大局的战略思想。改革开放30年来，东部沿海地区率先崛起，中西部地区也有很大发展，但区域之间存在很大差距。中央决策层决定深入实施西部大开发战略，明确提出要把西部大开发放在区域协调发展总体战略的优先位置，这不仅仅是一个经济问题，也是一个政治问题。

在区域协调发展当中，未来东部地区的主要任务是，把"率先发展"的重心集中在"率先加快经济发展方式转变方面"。今后十年，西部大开发作为区域协调发展的优先战略，其战略目标、主要任务及政策措施应该更加注重雪中送炭，适当加快革命老区、贫困地区、民族地区、边疆地区发展，尤其是要加快新疆、西藏等地区的发展，要采取特别的扶持政策，把"输血"和"造血"相结合，促进这些地区尽快发展起来。

（2）拓展东部地区的发展空间，瞄准海洋经济。"十二五"规划中区域发展的另外一个突出重点是，东部地区要拓展发展空间，瞄准海洋经济，承担起中国建设海洋大国的战略任务。国家发展将从陆域大国向海洋大国拓展。"十二五"规划中全面启动海洋国土资源的战略开发，强化陆海统筹管理，合理地开发利用和保护海洋资源，维护国家海洋秩序。换句话说，一方面，我们要实施西部大开发，另一方面，东部地区要率先发展，特别是要通过发展海洋经济来拓展发展空间。

（3）打破区域分割，构建全国统一市场。扭转区域发展不协调的另一战略规划是，进一步密切各区域的经济联系，打破区域分割，构建全国统一市场。为此，"十二五"期间的重点是加大现代交通运输体系的建设力度，大幅拉近区域间的时空距离，实现在更大范围内配置资源，提高利用效率。现在正科学规划和构建快速铁路网与高速公路网，就是要打破行政区划分割，建设合理的区域经济体系。

3. 提升自主创新能力和产业竞争力

（1）大力提升自主创新能力。要想在转变中赢得先机，最根本的依靠是科技，最关键的措施是要提升自主创新能力。我国在"十二五"期间需要加大投入推动自主创新和产业升级，提升发展质量和产业竞争力，促使产业实现由规模优势向技术优势的转变。

其中的思路是：以企业为技术创新的主体，增强自主创新能力，致力于提高原创能力，提升技术创新能力，加强引进消化吸收。对于引进的技术，要运用国家资源和优势，集中力量突破吸收，要善于站在巨人的肩膀上搞机制创新或者再创新，以之伸展创新进程，获取最大国家利益。

（2）提升教育水平和人才质量。创新的关键在人才，基础在教育。2010年，国家相继出台了教育、人才、科技等方面的中长期规划战略，跨越整个"十二五"期间，需要认真执行。同时，我国"十二五"规划要求加快发展战略性新兴产业，重点突破环保、节能、生物、新能源等领域。发展战略性新兴产业是科技创新和产业发展的趋势与方向，必将开启新一轮的技术革命，是全球都在关注和抢占的经济发展制高点。

（3）改造和提升制造业。我国已经是全球公认的制造业大国，这一地位还会继续保持。"十二五"及未来一段时间，需要把工业化与信息化紧密结合起来，加速传统产业改造和装备制造业升级，培育自己的跨国公司、品牌与设计，让制造业不断地焕发生机和活力。

（4）加快发展服务业。长期来看我国面临巨大的就业压力，需要大力发展能创造大量就业岗位的服务业。过去，我们非常重视产品经济发展并取得了积极成果，现在，我们需要更加重视服务经济，唯此才可以带动就业与产业发展，并产生巨大的经济效应。在"十二五"期间，我国一些特大城市与中型城市的工业化程度会继续提高，达到以服务经济为主的发展阶段。与同等水平下的发展中国家相比，我国第三产业的比重要低大约10个百分点，还需要继续完善经济政策，改善发展的环境，切实提升服务业的比重，充分发挥我国的劳动力优势。

4. 增强资源环境支撑力[①]

当前，我国人均的石油、天然气储量还不到世界平均水平的10%，人均的煤炭储量也不到世界平均水平的40%。但是，钢铁、电力、化工、石化等产业的单位耗能高于世界平均水平30%以上。资源相对短缺、环境承载能力低是我国现实的基本国情，提高资源环境对经济发展的支撑力，是"十二五"期间面临的重要任务。

我们现在正面临着两个"前所未有"，一是"发展压力前所未有"，二是"资源环境压力前所未有"。一边是我国能源资源短缺，另一边是我国单位能耗居高不下。因此，强化资源节约和环境保护，是我国转变经济发展方式非常紧迫的重要举措。而且，针对国内大量企业在资源方面的浪费，节能环保不仅具有生态环保效应，还能提升企业经济效益。通过倒逼机制来淘汰落后产能，促进企业调整结构、提升水平。这有助于循环经济和低碳经济的发展。

其一，推进能源资源节约和合理开发利用。解决我国能源资源问题，缓解能源资源压力，既要加强节约，也要进行开源。在充分利用海外能源

---

① 《解读十二五规划启动重大利益调整改革》，《中小企业管理与科技》（中旬版）2010年第7期。

的同时，从国家安全的角度考虑，还是要立足于提高国内资源的利用率和保障上。我国地域辽阔，地质成矿条件较好，矿产开发潜力巨大，应该扩大查勘面积，拓展勘探领域，必要时应当在一些区域采取大军团作战的方式，强化国家投入，充分利用市场力量来发现新的资源储藏。

其二，加快推进生态环境保护进程。在"十二五"期间，需要着重关注影响可持续发展及人民群众身体健康的环境问题，严格监管污染排放，推进重点区域、重点流域、重点领域及重点行业的污染控制。继续加强水、土壤、空气等污染治理的同时，特别要加强对农村环境污染的控制。

5. 推进社会建设，共享发展成果

推进社会建设，让人民群众共享发展改革的成果，是"十二五"规划的重点内容。"十二五"期间，我国有必要，也有条件，更有能力来发展社会事业。促进社会事业的改革发展是"十二五"时期甚至更长时期党和国家工作的重要着力点，也应该是公共财政投入的优先方向。

（1）合理调整收入分配关系。坚持与完善以按劳分配为主体、多种分配方式并存的分配制度。处理好初次分配与再分配中效率与公平的关系，更加注重再分配的公平性。努力提高劳动报酬在初次分配中的比重，增大居民收入在国民收入分配中的比重。创造条件提高居民的财产性收入。改善就业环境和制度条件，增加劳动收入，促进机会公平。稳步提升最低工资标准，保证职工工资的正常增长与支付。规范收入分配秩序，强化税收的收入分配调节作用，有效地调节过高收入，扭转区域、城乡、行业及社会成员之间的收入差距扩大趋势。完善公务员工资与分配制度，深化事业单位收入分配制度改革。

（2）完善公共服务体系和社会保障体系。社会事业的繁荣进步，并不是简单地提高福利水平，而是致力于增强全面发展的能力。"十二五"规划的思路是，加强社会事业，一项很重要的任务就要完善社会保障体系与公共服务体系。现阶段在这一方面做得还很不够，需要从群众最迫切的需求方面入手，把有限的资金用在关键领域，重点解决教育、医疗、住房、就业及社会保障等基本领域。

2009年开始实施的医药卫生体制改革，以及近几年着重建设的保障性安居工程都是上述思路的实际体现，并取得了初步成效。与医药卫生相类似，全民医保被当作公共产品在全社会推行，实施标准并不高，与当地的经济社会发展水平相适应。同时，非基本部分需要更多地发挥市场作用，提高运行效率和质量。

6. 启动重大利益调整的改革开放

（1）全面推进各领域改革。改革是加快转变经济发展方式的强大动力，必须以更大决心和勇气全面推进各领域改革。目前，改革已进入重点突破和整体推进的关键时期，随着改革进入攻坚阶段，"十二五"期间，摆在我们面前的改革更多的会涉及重大利益关系的调整，牵一发而动全身的改革会越来越多。改革推进的时机同国际国内环境的联系越来越密切，措施出台的时机往往稍纵即逝。例如当时推进燃油税费改革，石油在只有30多美元的低价位徘徊，实际上只持续了不到半个月时间。因此，"十二五"时期的改革，需要统筹兼顾、系统设计和全面推进。"十二五"期间，要高度重视三项改革：其一，行政管理体制改革。这是推进其他各方面改革的基础，其重点是加快政府职能转变，强化监管的职责，尽量避免对微观经济进行直接干预，发挥市场对资源配置的决定性作用。其二，资源价格改革。当前，资源价格形成机制还不太合理，不利于资源合理配置、资源节约及环境保护，应当进一步改革能源与资源的价格形成机制。"十二五"期间的改革方向是建立阶梯式价格体系，政府负责保障群众最基本的需求，也即以较低价格满足群众的最基本需求。满足群众非基本需求的价格要多样化、多层次化，比如采取阶梯式水价、电价等。其三，财税体制改革。"十二五"期间需要着重解决的问题主要包括，中央与地方财税关系，政府与纳税人财税关系，政府部门之间财税关系，特别是要处理好公共服务均等化问题，维护好基层政权的正常运行，如推进实施节能减排目标，实施资源税改革，等等。与此同时，不失时机地推进国有企业、垄断行业及金融领域改革。

（2）实施更加积极主动的开放战略。"十二五"期间，扩大开放政策的着重点是统筹国际国内两个大局，大力推进西部大开发战略，促进经济由东向西沿边、沿江开放。特别要通过加大沿边开放力度，充分利用中亚、南亚和东南亚国家资源丰富、市场潜力大和战略位置重要的优势。

我国对外开放正由出口与吸收外资为主转向进口与出口、吸收外资与对外投资并重，适应这一新形势，需要实施更加积极主动的开放战略，继续拓展新的开放领域与开放空间，提高与深化同各利益方的结合点，完善更适应开放型经济要求的体制和机制，有效防范各种风险，以开放促发展、改革和创新。

第三节 "十二五"规划建议的区域经济协调战略及其解读

中共十七届五中全会为"十二五"期间我国的区域协调发展战略确定了总体基调，具有重大指导意义。要实现区域协调发展，就需要对区域问题、区域协调发展有正确认识，需要坚持把缩小区域差距作为基本目标，坚持"抓两头、带中间"的操作路径，坚持规划和建设经济区、按经济区的思路来规范和推动发展，坚持解决事关区域协调发展的关键问题，坚持建立促进区域协调发展的长效机制。

一、促进区域协调发展，积极稳妥地推进城镇化[①]

"十二五"规划建议指出：实施区域发展总体战略和主体功能区战略，构筑区域经济优势互补、主体功能定位清晰、国土空间高效利用、人与自然和谐相处的区域发展格局，逐步实现不同区域基本公共服务均等化。坚持走中国特色城镇化道路，科学制定城镇化发展规划，促进城镇化健康发展。具体内容包括：

第一，实施区域发展总体战略。坚持把深入实施西部大开发战略放在区域发展总体战略优先位置，给予特殊政策支持，发挥资源优势和生态安全屏障作用，加强基础设施建设和生态环境保护，大力发展科技教育，支持特色优势产业发展。加大支持西藏、新疆和其他民族地区发展力度，扶持人口较少民族发展。全面振兴东北地区等老工业基地，发挥产业和科技基础较强的优势，完善现代产业体系，促进资源枯竭地区转型发展。大力促进中部地区崛起，发挥承东启西的区位优势，改善投资环境，壮大优势产业，发展现代产业体系，强化交通运输枢纽地位。积极支持东部地区率先发展，发挥对全国经济发展的支撑作用，在更高层次参与国际经济合作和竞争，在转变经济发展方式、调整经济结构和自主创新中走在全国前列。加强和完善跨区域合作机制，消除市场壁垒，促进要素流动，引导产业有序转移。实行地区互助政策，开展多种形式对口支援。加大对革命老区、民族地区、边疆地区、贫困地区扶持力度。更好发挥经济特区、上海浦东新区、天津滨海新区在改革开放中先行先试的重要作用。加快沿边地区开发开放，加强国际通道、边境

---

① 本节主要参考《中共中央关于制定国民经济和社会发展第十二个五年规划的建议》，2010 年 10 月 18 日中国共产党第十七届中央委员会第五次全体会议通过。

城市和口岸建设，深入实施兴边富民行动。

第二，实施主体功能区战略。按照全国经济合理布局的要求，规范开发秩序，控制开发强度，形成高效、协调、可持续的国土空间开发格局。对人口密集、开发强度偏高、资源环境负荷过重的部分城市化地区要优化开发。对资源环境承载能力较强、集聚人口和经济条件较好的城市化地区要重点开发。对影响全局生态安全的重点生态功能区要限制大规模、高强度的工业化城镇化开发。对依法设立的各级各类自然文化资源保护区和其他需要特殊保护的区域要禁止开发。基本形成适应主体功能区要求的法律法规、政策和规划体系，完善绩效考核办法和利益补偿机制，引导各地区严格按照主体功能定位推进发展。

第三，完善城市化布局和形态。按照统筹规划、合理布局、完善功能、以大带小的原则，遵循城市发展客观规律，以大城市为依托，以中小城市为重点，逐步形成辐射作用大的城市群，促进大中小城市和小城镇协调发展。科学规划城市群内各城市功能定位和产业布局，缓解特大城市中心城区压力，强化中小城市产业功能，增强小城镇公共服务和居住功能，推进大中小城市交通、通信、供电、供排水等基础设施一体化建设和网络化发展。

第四，加强城镇化管理。要把符合落户条件的农业转移人口逐步转为城镇居民作为推进城镇化的重要任务。大城市要加强和改进人口管理，中小城市和小城镇要根据实际放宽外来人口落户条件。注重在制度上解决好农民工权益保护问题。合理确定城市开发边界，提高建成区人口密度，防止特大城市面积过度扩张。城市规划和建设要注重以人为本、节地节能、生态环保、安全实用、突出特色、保护文化和自然遗产，强化规划约束力，加强城市公用设施建设，预防和治理"城市病"。

加强土地、财税、金融政策调节，加快住房信息系统建设，完善符合国情的住房体制机制和政策体系，合理引导住房需求。强化各级政府职责，加大保障性安居工程建设力度，加快棚户区改造，发展公共租赁住房，增加中低收入居民住房供给。加强市场监管，规范房地产市场秩序，抑制投机需求，促进房地产业平稳健康发展。

二、更注重区域经济协调发展

"十二五"规划建议强调："要促进区域协调发展，实施区域发展总体战略，构筑区域经济优势互补、主体功能定位清晰、国土空间高效利用、人与自然和谐相处的区域发展格局"。据此可以判断，"十二五"期间区域经济协调发展将是我国经济发展的一项重大任务。

当前在中国，人才、资本、技术、物资、资金、信息等各种生产要素跨区域流动越来越频繁和便利，各地区的资源优势都在市场上取得了更加有效的价值确定。"十二五"期间的区域经济发展中，各地区原有资源优势会进行重新定位，区域经济合作、结构调整和产业转移将更加活跃。

第一，突出西部发展战略地位。中央已明确指出，西部大开发是我国区域协调发展总体战略中的优先战略，是促进社会和谐的基础战略，也是为实现可持续发展而实施的特殊战略。根据现有战略，国家规划到2015年西部地区经济生产总值要比2008年翻一番，未来数年西部地区年经济增速都将保持在10%以上。另外，"十二五"期间，在重大基础建设项目上中央政策还要继续向西部地区倾斜，在转移支付与投资安排上也会继续向西部地区倾斜；发展区域特色产业，带动相关产业链的发展则是未来西部地区产业发展的方向。因此，在西部地区，应培育特色优势产业为龙头，大力发展农牧业、现代工业和服务业，加快构建现代产业体系。

由于西部地区产业结构中资源性特征明显，在已有的产业结构当中原材料、采掘业等基础性产品比重大，加工增值性产品比重较低。因此，在重视发挥资源优势的基础上，西部地区需要努力实现资源优势向经济优势转化，具体措施包括：一是结合西部地区的矿产采掘业和原材料供应进行产品的深加工和精加工；二是结合农业搞好农副产品深加工和精加工，发展区域特色经济；三是发展比较优势产业和新型工业。

第二，支持东部快速发展。关于东部，2010年下半年，国家发改委就已经编制完成《京津冀都市圈区域规划》，并上报国务院，如果获批将上升为国家战略（后来这一规划又进行了多次调整）。事实上，除了《京津冀都市圈区域规划》外，东部地区还出台了多个规划，包括天津滨海新区综合配套改革试验总体方案，上海国际金融中心和国际航运中心建设规划，山东黄河三角洲高效生态经济区发展规划，以及江苏沿海地区发展规划，等等。长江三角洲地区区域规划纲要则包括了江苏、浙江以及上海等多个省市。

第三，促进中部地区崛起。而地处我国内陆腹地的中部6个省份，在2010年初迎来《促进中部地区崛起规划》这一国家层面政策支持后，积极在"十二五"期间寻求跨越式发展。中部总共有 6 个省份，却在当时已经拥有 5 个国家级区域发展规划，既有统领中部六省发展的《促进中部地区崛起规划》，又有武汉城市圈两型社会建设综合改革实验区、长株潭城市群两型社会建设综合改革试验区、鄱阳湖生态经济区和皖江城市带承接产业转移示范区规划 4 个省域发展规划，这可见中部地区非常受重视。在当时中部 6 个省份中，只有河南和山西还没有获批国家级区域规划，但是山西"国家资源型经济转型发展综合配套改革试验区"已上报国务院，河南也在积极编制大中原经济区规划，力争上升到国家级战略。也就是说，在《促进中部地区崛起规划》的指导下，中部六省都在具有各省特色的区域规划指导下，迈进"十二五"①。

第四，振兴东北经济。不久前，国务院决定实施八大措施振兴东北经济。对于这次出台的支持措施，人们称之为"东北第二次振兴"。事实上，实施东北振兴以来东北地区经济获得长足进步。自 2003 年实施东北地区等老工业基地振兴战略以来，东北三省地区生产总值年均增长超过 13%。"十一五"前四年，东北三省经济发展速度列四大区域板块之首。有关专家指出，相关政策的出台有助于打造东北经济新极点，对于整个宏观经济而言也将是非常大的提振。特别是对于资源长期消耗导致多个地方面临资源枯竭的东北来说，战略性新兴产业的扶持无疑是件大事。截止到 2009 年底，东北地区三个产业的比重为 12∶53∶35，第二产业的比重是全国最高的，并且以重化工业为主，第三产业发展非常滞后，产业结构调整与优化升级任重道远，发展旅游业对振兴东北老工业基地具有重要意义，是带动产业结构优化升级的最佳切入点。

当然，不管是哪一区域，"十二五"发展都需把握以下几个原则：切忌区域政策"一刀切""大而全"；关键要解决的不是增长速度，而是收入、公共服务等的差距问题；增强区域政策的针对性、可操作性和有效性；确保政策思路的连续性、持续性，切忌大起大落。

三、"十二五"规划对保险区域协调发展的指导意义

"十二五"规划建议关于"促进区域协调发展"的论述，也为各行业区域发展指明了方向，是各行业区域发展的重要参考。作为区域协调发展

---

① 2012 年 11 月 17 日，国务院正式批复《中原经济区规划》（简称"规划"）。

的重要内容，保险业区域协调发展要始终以区域协调发展战略为导向，考虑各个区域的人口、资源、环境、产业、经济社会发展水平等因素，因地制宜地制定促进保险业发展的政策措施，充分发挥保险业经济补偿、资金融通和社会管理的职能，服务地方经济、促进民生发展。

第四节　宏观发展战略转变背景下保险业的发展机遇和挑战

毋庸置疑，作为全球最具潜力的新兴保险市场，"十二五"期间经济社会的发展将给我国的保险业带来重大机遇与挑战，能否实现中国保监会的设想，中国将从新兴市场成长为全球最重要的保险市场，关键在于我国保险业能否从中抓住机遇，找准定位，迎接挑战。

一、宏观发展战略转变背景下保险业的发展机遇

1. "十二五"经济社会发展离不开保险业的参与

"十二五"时期，我国经济社会发展既面临难得的历史机遇，也面对诸多可以预见和"难以预见"的风险挑战。对于市场经济条件下的风险管理，政府除了运用社会保险、社会救助和社会优抚之外，还需要发挥商业保险的基础支柱作用。

市场经济发展过程中，保险业在促进经济发展、提供经济保障、增进社会和谐等方面具有非常重要的作用。在促进经济发展方面，保险业通过充当资金融通的媒介来促进经济增长，通过金融服务产业发展来推动经济结构调整，还可以通过稳定消费者收支预期来保证经济的可持续发展；在提供经济保障方面，保险业通过构建风险分担机制来应对各种灾害损失；在增进社会和谐方面，保险业通过对受灾个体进行经济补偿来化解社会矛盾与冲突，通过承担社会责任来推动信用社会建设。

为了充分发挥保险业在市场经济发展中的独特作用，各级政府需要为保险业的正常发展营造良好的政策环境，以顺利推进一系列关乎经济社会发展的保险制度。比如，税惠支持的商业养老保险和健康保险，地震、洪水等巨灾保险，政策性农业保险，交强险，安全生产、校方责任、环境保护和科技保险等责任保险。

2. "十二五"规划的三大转型为保险业提供了有利的发展环境

"十二五"规划以加快转变发展方式为主线，部署我国经济社会从外

需向内需、从高碳向低碳、从强国向富民的三大转型。这些转型有利于保险业的长期可持续发展。

从外需向内需的转型，着眼于建立扩大消费需求的长效机制，经济平稳较快发展有了机制保障，保险作为国民经济的一个部门，自然连带受益。从高碳向低碳的转型，为可持续风险管理和保险业发展提供了广阔的空间。而从强国到富民的转型，是"十二五"规划的一大亮点。如果"富民"的目标实现，那么我国保险业的发展潜力将是十分巨大的。

基于以上判断，"十二五"是我国保险业发展的重要战略机遇期。一个国家人均 GDP 在 3000 美元到 10000 美元的阶段，也是保险业的快速发展阶段，这个阶段的保险业发展速度会明显快于 GDP 的增长。这一点从保险收入弹性分析中得到证明。保费收入弹性是指保费收入增长率的变化同人均 GDP 增长率的变化的比值。研究显示，保费的收入弹性在人均 GDP 达到 1000 美元之后就一直处于一个上升通道，弹性越来越大，到人均 GDP 在 10000 美元左右达到顶点，然后逐渐下降。由此可见，作为一个规律，在人均 GDP 从 1000 美元至 10000 美元之间，随着人均 GDP 的增加，人均保费将加速增长，而我国人均 GDP 目前正处于 4000 美元左右的阶段。

3. "十二五"提出的相关政策也有利于保险业的长期发展

（1）收入分配政策。从未来趋势看，"十二五"规划建议中对收入分配调整已达成社会共识，中西部地区和中低收入人群收入的快速增长具有必要性和可行性。"十二五"规划建议的收入分配调整将支持保险行业继续高速增长，保险业属性决定保费增长依赖居民收入驱动。而参考日本国民收入倍增计划①，受益于收入效应，未来我国保险业仍将继续高速增长。更长远一点来看，未来 10—20 年仍然是保险业的黄金发展期。

（2）城镇化政策。城镇化的进一步推进给区域保险发展带来巨大空间。"十二五"规划建议决定积极稳妥推进城镇化进程，具体措施包括改革户籍制度，加快城市基础设施建设，以及吸引农村优秀人才入户中小城市等。可以肯定，城镇化进程仍将不断地推进并持续数十年，城镇化进程的推进将导致以家庭为主的社会保障机制逐步地瓦解。因此压力转移到政府和个人身上，促使政府加快完善

---

① 1960 年，日本新上台的首相池田勇人宣布启动为期 10 年的"国民收入倍增计划"，并定下目标：国民生产总值和国民收入年平均增长速度为 7.8%，人均国民收入年平均增长速度为 6.9%。该计划顺利实施，极大地提高了日本的经济社会发展水平，保险保障程度显著提高。

保险体系，以使个人实现自给自补。

（3）社会保障体系建设与改善民生措施。"十二五"规划建议强调，要坚持把保障和改善民生作为加快转变经济发展方式的根本出发点和落脚点。作为社会保障体系的三大支柱之一，商业保险在保障和改善民生方面大有可为。加强社会保障建设，是保障和改善民生的重要要求。当前，我们应坚持广覆盖、保基本、多层次、可持续方针，加快推进覆盖城乡居民的社会保障体系建设，坚持社会公平正义，着力促进人人平等获得发展机会，不断消除人民参与经济发展、分享经济发展成果方面的障碍，努力做到发展为了人民、发展依靠人民、发展成果由人民共享。商业保险要充分利用这一机遇，积极探索、勇于创新，尽可能地满足社会大众的保障和民生需求，服务社会、促进民生建设，等等。

（4）经济增长动力的转变。"十二五"规划建议指出，"要加快形成消费、投资、出口协调拉动经济增长新局面"。从以储蓄为中心转型为以消费为中心是我国经济可持续增长前提之一。众所周知，我国居民的高储蓄率主要原因是为医疗、养老与教育，以及个人的不确定风险做准备。而通过保险机制降低个人的不确定风险，可以有效地释放我国居民的高储蓄率，提高消费力。此外，住房、汽车等现代化的家庭财产价格大、风险高，保险作为分散家庭风险的最佳方式也大有可为，由此可见市场的前景非常广阔。

4. 未来 10 年我国保险市场规模仍将快速增长

从中长期看，我国工业化、城镇化进程不断加快，社会多元化趋势继续发展，人民群众的保险需求日趋多样，国内保险市场容量持续扩大。未来一个时期，我国保险业仍将继续处于这个高速增长阶段。目前，我国保险市场的规模在世界位列第 6 位，这个排名将在未来不断提高，中国将从一个有潜力的新兴市场，成长为全球最重要的保险市场之一。

"十二五"期间，我国保险业增长模式的转变与优化升级显得尤为重要。利用过去 30 年的数据研究表明，发达国家的保险业增长主要依靠经济要素拉动，而中国等新兴发展中国家的保险业增长主要是依靠制度要素来推动。随着国家的经济发展，保险业增长中制度要素的贡献度会逐渐降低。在保险业经历过起飞阶段之后，"十二五"期间，我国的保险业增长将由依靠"制度推动和经济拉动"逐渐转向主要依靠"经济拉动"。

相关预测表明（郑伟，2010），从 2010 年至 2020 年期间，在 GDP 年均增长 6%—10% 的假设下，我国保险业总保费年均增长率（均扣除物价因素）较为可能的浮动区间为 9.1%—21.4%，其中更为可能的浮动区间为 11.3%—18.1%。在中间情形假设下，我国保险业年均实际增长率为 14.8%，约为同期全球保险业增速的两倍。预计 2020 年，我国保险业保费水平将为 2010 年的 3.9 倍，保险深度将为 6.3%；占世界保险业的份额将可能达到 8.1%，这将有可能使我国从目前的第六大保险市场成长为世界第三大保险市场。

二、宏观发展战略转变背景下保险业面临的挑战

一是经济周期对保险业的冲击。世界和中国经济周期的变化，经济周期波动对保险的经营行为也产生了很大的影响，市场经济的发展不可避免地存在着周期性的波动，保险业的发展也随着经济周期的波动而起伏。面对经济周期的冲击，保险业应该在偿付能力、资产负债管理、公司经营管理等方面采取积极的战略和对策，增强抵御经济周期性的波动能力。

二是市场竞争更加激烈。可以预见在整个"十二五"期间，随着市场主体的急剧增加，市场竞争会进一步加剧，过度竞争将很有可能造成对保险资源的破坏性开发，降低整个保险业的服务水平，加大行业经营风险，并最终影响消费者的利益，我们对此应当保持一定的警惕。

三是保险业自身发展能力面临考验。虽然经过"十一五"期间的快速发展，行业能力发展的实力也有明显的增强，但是诸多保险公司在资本金、内部管理、基础建设、专业人才队伍等方面还存在着差距和不足，尤其是我国保险业应对巨灾风险考验能力还不强，迫切需要我们在发展中积累经验，壮大实力。

"十二五"规划的制定，为国家宏观经济和社会发展设定了目标，也为我国保险业的发展指明了方向。站在新起点，处在新阶段，我国保险业需要正确认识当前的国内外经济形势，认真领会"十二五"规划建议的区域协调发展思想，坚决地将其贯彻和融入保险业的区域发展规划中去，采取切实可行的策略，促进我国保险业的快速协调发展。

第二章　保险区域发展的理论分析

保险业区域发展不能简单地定义为保险的区域发展，也不仅仅是保险业空间布局、保险公司区位选择的简单概括，本文中的保险业区域发展，是指从保险业整体发展高度出发，利用市场机制与区域政策工具，推动各个区域内的保险发展及区域间的保险合作，实现保险业全面、协调和可持续发展目标的一系列保险活动的综合反映。本章将从保险区域发展的相关理论界定、保险区域发展假说理论两个方面进一步诠释保险区域发展的前沿理论。

第一节　保险业区域发展的相关理论界定

区域划分是区域现象分析的重要前提。但是，对区域的定义一直非常模糊，很难给区域下一个能够被普遍接受的定义。西方著名的区域经济学家 H·理查森曾经深有感触地指出："精确定义区域是如此可怕的梦魇，以至于大多数区域经济学家宁可回避这项工作。"① 本文将首先明确此次研究所指的保险区域的含义，为下文的研究奠定基础。

区域经济所研究的"区域"既不是"纯自然区域"，也不是一般的"行政区域"，而是指具有某种经济特征和经济发展规律的空间领域，即一般所说的"经济区"。它是指在一定的地理空间范围内，由一些相互关联的经济活动组合而成的经济地域单元，是经济活动的空间组织实体。目前，按三大经济带划分为东、中、西部经济区的划分方法综合考虑了区域的生产力布局、经济发展水平、地理条件等特点，从总体上客观地揭示了由沿海到内地，以及由东向西的"经济梯度"特性，尽管在"十一五"规划建议中，进一步提出了"东北振兴"的区域发展战略，也有研究开始

---

① 著名经济学家 W. 里昂惕夫干脆建议将区域的定义视为一种政治选择。

按照东、中、西、东北进行区域划分，但是结合我国保险业发展的历史和区域发展状况，本文仍采用东、中、西三大经济区域划分方法。目前国内对区域保险的研究已经展开，但理论界和学术界还未对区域保险的相关概念和内涵进行界定，本文首先对现有研究中涉及的区域保险相关概念进行分析。

一、经济区域的界定

从空间分析的角度来看，全国、整体的保险产业发展是由不同的区域保险发展构成的。根据经济区划理论，理解区域保险的发展首先也要从保险区划分析开始。

1. 经济区域的界定

自 20 世纪以来，作为一个抽象的空间概念，区域逐渐从地理学领域渗透到行政学、社会学、经济学和政治学等多个领域，所以，区域也被不同的学者赋予了不同含义。相应的，在经济学领域对区域概念也有不同理解。从国外来看，美国区域经济学家胡佛对经济区域的定义最具有代表性。胡佛认为，区域是为了描述、分析、计划、管理或指定政策等目的而将其作为一个应用性整体加以考察的一片地区。在国内，程必定对经济区域的界定较具代表性，他认为，经济区域是人的经济活动所造就的、具有特定区域构成要素、不可无限分割的经济社会综合体（徐贵华，2008）。

2. 经济区域的构成要素和基本特征

显然，经济区域与其他区域的区别之处在于，它拥有自身独特的三大构成要素——经济中心、经济腹地与经济网络，也就是以经济中心城市为核心，以经济网络为纽带，联结广阔的经济腹地，形成经济区域。经济区域与仅仅以自然特征为标准而划分的自然空间单元不同，也与以纯粹社会文化特征为标准而划分的经济空间单元相区别，它是包括经济活动主要影响因素如自然、文化和社会等在内的综合空间单元。具体来讲，经济区域拥有与其他领域的区域概念相区别的下述基本特征：

第一，经济区域是人类活动的产物。从经济学的角度来看，经济区域应该是以人类经济活动为基本内容，它的形成经历了一个漫长、复杂的社会再生产运动，它是生产、分配、流通与消费统一运动的产物。

第二，经济区域不可以无限分割。经济区域是在人类漫长的经济活动过程中自然形成的，它拥有相对稳定的构成要素与空间范围，不能人为地进行无限分割。

第三，经济区域是可变的。人类经济活动拥有巨大的开拓性，生产力发展、科学技术进步与生产手段的改善，促使人类在地表空间的经济活动布局不断优化组合，并必然会引起经济区域范围上的变更。

第四，经济区域边界是模糊的、开放的。行政区域通常有具体的、明确的地域界限，而相对于行政区域而言，经济区域则界限模糊，具有明显的开放性。

二、保险区域的界定

1. 保险区域的界定

在经济区域的各个范畴中，保险区域是一个崭新的术语。它是在经济区域基础上而形成的一种能概括不同区域保险经济活动特征的抽象的空间概念，是围绕人们的保险经济活动所形成的、客观存在的一种经济区域。

保险业作为经济和社会生活中必不可少的组成部分，自然也是区域经济的重要构成要素。区域经济之间环境差异以及不同区域之间风险差异的客观性，直接决定了不同区域保险经济活动所拥有的自身发展特征。这样，本文所强调的保险区域的划分，实际上是在国内经济区域划分①的基础之上，根据相应的经济划分标准来对国内保险发展区域的确定。

张军洲（1995）指出，所谓区域金融，其实是指一国的金融结构和运行在空间上的分布状态。在区域金融的外延上，它表现为具有不同层次和形态的金融活动相对集中的一些金融区域。这些区域的金融结构差异、差异互补和相互关联构成一国的区域金融体系。同区域经济一样，区域金融是现代市场经济条件下大国金融发展过程中存在的客观现象。从空间结构来看，由于大国经济体系的资源分布、经济发展水平以及社会分工在地域上具有明显的非均衡性，从而经济运行和经济发展表现出较强的区域性特点。

2. 区域保险的构成要素

谢志超（2006）采用向量误差修正 VEC 模型的因果关系检验及 Granger 因果关系检验分析了我国各类保险市场发展水平同金融发展之间的长短期关系，研究认为我国区域保险市场同区域金融市场发展具有非常

---

① 当前我国的经济区划方法主要包括：省级行政区域划分法，东、中、西划分法，东、中、西、东北划分法，八大经济区域划分法，等等。

高的一致性。而且，区域金融市场和区域保险市场的某些特征是相似的，两者在区划上具有一定的重叠性。根据区域金融对区域保险市场一般特征的阐述，构成区域保险的基本要素主要表现在下述几个方面：

（1）空间差异性。区域空间是保险活动的最终落脚点，正确理解区域保险理论，必须把保险运行和发展放在一定的空间进行考察。

（2）保险结构与发展水平的差异性。区域保险理论致力于从空间角度研究保险结构与发展。从本质上来说，区域保险之间的差异，其实就表现为不同保险区域在保险结构和发展水平上的差异。这其中，保险发展水平，包括保险资源与保费收入量，是从量的角度来反映区域保险差异性；而保险结构，包括保险机构、保险产品和销售方式不同特点等，则是从质的方面来反映区域保险的差异性。

（3）环境差异性。作为保险产业发展的重要基础，社会经济环境对区域保险差异的影响包括多个方面。社会经济环境从总体上可以分为软环境和硬环境。其中，软环境指的是区域经济和保险政策、税收制度、地方法规、居民保险意识、历史与文化背景等；硬环境则是指保险区域的地理位置、经济结构、交通与通信设施以及市场规模等。相较于硬环境，软环境的政策和制度性因素具有更强的可塑性，对区域保险发展来说更为重要。

3. 保险区域的划分

国内对区域保险的研究才刚刚开始，还没有形成比较完整的保险区域概念与合理的保险区划。实际上，如同经济区域划分一样，保险区域划分也是一个异常复杂的系统工程。由于经济区域内部存在某些主要指标上的相似性，根据统计测度理论，可以运用传统描述统计的统计分组法以及现代统计分析的聚类分析法划分保险区域。根据我国现有的有关区域经济与区域金融的研究文献，可以运用以下几种方法进行有关区域的划分：

一是"省际"视角，也就是探讨各个省市区之间的保险发展差异。大多数区域金融与保险的研究者采用这一视角的区域划分方法。因为保险区域与行政省区的一致性，这种划分方法有助于反映地方政府行为同保险发展之间的关系。

二是"东、中、西部、东北"视角。这种划分实际上是对"东、中、西"部视角的再划分。我国"十一五"规划建议中明确提出"东部开放"、"中部崛起"、"西部开发"和"东北振兴"等多个区域发展战略，提出了东、中、西、东北四个经济地带的战略发展目标以及协调发展策略。根据这种划分方法，西部地区包括西藏、新疆、青海、甘肃、宁夏、内蒙、陕西、云南、贵州、广西、四川和重庆；中部地区包括山西、河南、安徽、湖北、湖南和江西；东部地区包括北京、天津、河北、山东、江苏、上海、浙江、福建、广东和海南；东北部则包括黑龙江、吉林和辽宁。"十二五"规划建议中，再一次沿用了这种划分方法。

三是"八大经济区域"的视角。2005年6月，国务院发展研究中心发布《地区协调发展的战略和政策报告》，其中正式确立"八大经济区域"发展战略。这种划分方法是：东北地区包括黑龙江、吉林和辽宁三省；北部沿海地区包括北京、天津、河北和山东两省二市；东部沿海地区包括江苏、上海和浙江两省一市；黄河中游地区包括河南、陕西、山西和内蒙古三省一区；长江中游地区包括安徽、湖北、湖南和江西四省；南部沿海地区包括广东、福建和海南三省；西南地区包括云南、贵州、广西、四川和重庆三省一市一区；大西北地区包括西藏、新疆、青海、甘肃和宁夏两省三区。

从现有文献来看，我国现关于区域保险的研究多是基于"省际"视角。如朱俊生（2005）根据2003年我国各各地区的经济发展水平，将31个省市自治区简单地划分为四类地区，如表2-1所示。

| 表2-1 | | 按照人均GDP划分保险区域 | 单位：元 |

保险区域	人均GDP	地　区
一类地区	≥10000	上海、北京、天津、浙江、广东、江苏、福建、辽宁、山东
二类地区	6000—10000	黑龙江、河北、新疆、湖北、吉林、海南、内蒙古、湖南
三类地区	5000—6000	河南、青海、重庆、山西、宁夏、西藏、四川、江西、安徽、陕西
四类地区	≤5000	云南、贵州、广西、甘肃

李艳荣（2005）以2000—2004年间的保险深度与保险密度为聚类变量，根据保险经济发展水平将各个省市划分成三个类别，其由高到低的排列顺序如表2-2所示：

表 2 - 2　　　　　　按照保险深度和保险密度因子的聚类分析划分保险区域

保险区域	地　　区	保险密度均值（元/人）	保险深度均值（%）
一类	北京、上海	1183.22	3.82
二类	天津、江苏、浙江	309.18	1.75
三类	广东、重庆、河北、山西等 25 个地区	104.27	1.4

鉴于对区域保险经济现象有不同的理解，在研究目的和研究方法上也存在差异，研究者所进行的保险区域划分也是不相同的。单纯基于省际保险区域方法划分出的区域特征不太明显，几乎不具备前文提出的区域保险三要素特征。因此，仅仅基于统计分组法与现代统计分析的聚类分析研究方法从数字层面上进行划分，给进一步研究带来了较大的难度。

如上所述，保险区域是在经济区域基础上形成的空间概念，空间差异、发展水平差异和环境差异是其必备的三个构成要素。由于目前我国东部、中部和西部几个大的经济区域已经形成，而且已经纳入到国家发展战略范畴，因此现阶段对保险区域基于东、中、西部视角划分将会更为直接清晰（如表 2 -3 所示），更符合我国经济实际和国家发展战略，但是我们并不否定其他划分方法的合理性。

表 2 -3　　　　　　　　　　　　　保险区域划分

保险区域	区内省份
东部	北京、天津、河北、辽宁、山东、江苏、上海、浙江、福建、广东、海南
中部	黑龙江、吉林、山西、河南、湖北、湖南、安徽、江西
西部	内蒙古、新疆、甘肃、宁夏、陕西、四川、重庆、云南、贵州、广西、青海、西藏

2005 年 6 月，国务院发展研究中心发布了八大区域的划分方法。就八大保险区域来看，八个区域的空间差异明显，经济发展水平呈现出较为明显的梯度差异，市场开放程度和社会环境也有明显的差异。基于此，根据我国实际经济状况，从区域保险发展研究的目标出发，将保险区域进行多种划分，如东、中、西三大区域，东部、中部、西部和东北四大保险区

域，以及八大区域。而本文的研究也是在省域保险发展和差异分析的基础上，进一步探讨各个保险区域之间的差异与协作。为此，本文研究以省、市、自治区行政区划作为基础，以东、中、西部地区三大区域和 2005 年 6 月国务院发展研究中心发布的八大区域作为研究主体，多维度、多视角地对我国保险区域发展状况进行探讨。

三、区域保险关系

区域保险关系分为区域内保险关系和区域间保险关系（如图 2－1 所示）。区域内保险关系主要表现为区域内各保险经济活动主体之间的相互关系。区域保险经济活动主体除涉及保险市场的需求主体投保人，供给主体保险公司、再保险公司、保险中介之外，还包括地方保监局和地方政府。区域内保险关系理解为区域保险发展内部关系与外部关系两个方面。其中，区域保险发展内部关系主要表现为区域内的保险公司和投保人之间的商品交换关系（或者说供求关系），保险公司之间的竞争关系，以及地方保险监管部门与保险公司之间的监管和被监管关系。区域保险发展的外部关系主要是指区域保险发展与区域经济发展之间的关系。区域保险与区域经济之间的关系主要表现为区域经济的发展水平决定着区域保险的发展水平，而区域保险发展又对区域经济发展有一定的反作用，即区域保险市场的发展、区域内保险的保障功能、融资功能和社会管理功能的充分发挥，对区域经济的持续、稳定发展具有的推动和促进作用。

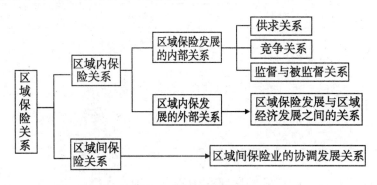

图 2－1　区域保险关系

区域间保险关系主要表现为区域之间保险业的协调发展关系。由于区域经济发展存在的不平衡性，造成区域间的保险要素从经济欠发达区域向经济发达区域集聚，并最终导致区域之间的保险发展失衡。

四、保险差异与协调发展

保险区域差异和保险区域差距是两个相区别的概念，前者是指区域之间在自然地理、资源禀赋、经济结构和历史文化等方面所存在的差异，而后者则是指区域之间在产业结构和保费收入方面所存在的差距。区域差异会对区域差距有一定程度的影响，但它并不是导致区域差距的决定性因素。任何一个国家，无论其疆域是大是小，区域差异总归是客观存在的，疆域越大，这种差异也可能越大，但是不一定会出现非常大的区域差距。其中关键在于政府，尤其是中央政府，要采取必要的区域政策来掌控区域差异并且不断缩小区域差距。

区域差异和差距是动态的，不是静止的。在不同的历史条件与政策环境下，二者是会发生变化的。政府和监管机构有必要认识和把握这种变化，在有区域差异的情况下尽可能缩小区域差距。

根据变化的特点，可以将区域保险差异分为三种类型，即趋势差、位势差和自然差，无论何种类型的区域差异，政府都有缩小区域差距的机会。

区域的趋势差指的是区域之间在保险发展趋势上的差异，综合反映了未来一个阶段区域保险发展趋势的差异，它既有可知性，又有可控性。区域的自然差指的是区域之间在自然地理和资源禀赋上的差异，综合反映了自然条件的区域差异。区域的位势差则是指区域之间保险发展的现状差异，综合反映了保险发展水平上的区域差异。区域保险经济的发展现状是历史发展的结果，也是未来发展的起点，拥有可变性和区域性。因此，当存在区域差距时，政府与监管部门就能运用政策工具或者市场手段来促进落后地区的保险发展，控制与缩小区域差距。

基于上述分析可以看出，无论是哪个国家，也无论是哪个发展时期，保险区域差异都是客观存在的，同时，区域差异所导致的区域差距也是可控的。在保险区域差异普遍存在的情况下，实施政策控制和缩小区域差距，使区域保险发展和区域经济发展水平相适应，以尽可能地发挥保险在区域经济、区域生产以及再生产过程中的作用，这就是区域保险的协调发展。

五、区域保险均衡

目前学术界或者政府部门均未明确提出区域保险均衡的定义，但已经有研究者从区域保险的均衡性和非均衡性角度分析区域保险问题，主要涉及两个方面：一方面是保险业发展规模与国民经济发展的非均衡；另一方面是保险业自身发展的不均衡，包括保险主体地区分布、保险市场供求结构、保险业务发展等方面。

尽管并未达成统一的区域保险均衡的定义，但肖志光（2007）从保险需求的角度来定义保险市场的区域均衡具有一定的代表性。区域保险均衡，指区域保险市场发展与当地经济和社会发展需求相适应的相对均衡，也就是要考虑到一个地区的经济发展水平、人口规模、社会文化等因素。

六、区域保险协调

在研究区域保险协调之前，首先对均衡、协调解释如下：均衡为平衡的意思，即对立的两个方面、相关的几个方面在数量或质量上均等或大致均等，经济理论认为平衡是一个理想状态，如判断某一社会收入或财产分配平均程度的洛伦兹曲线。协调则是指"和谐一致、配合得当"，即尊重客观规律，强调事物间的联系，坚持对立统一，取中正立场，避免忽左忽右两个极端的理想状态。

因区域保险理论还处于研究的初始阶段，所以对一些概念性的界定还较模糊。根据目前对区域保险、区域保险均衡等的研究，在"统筹区域保险"的政策目标下，借鉴目前区域协调①、区域经济协调的理论与实证研究经验，本文将区域保险协调界定为：保险产业地域空间差距逐步缩小，保险业发展水平与当地经济发展水平和社会环境相适应，能较好地发挥保险对某一地区的经济补偿、资金融通和社会管理三大功能。

第二节　区域保险发展假说理论

不同区域的保险发展要素不同，因而区域保险的发展路径和发展速度也不尽相同。借鉴区域经济发展与保险发展理论，以及 sigma 的经济研究成果，本节阐述"区域内保险发展的 S 型假说"以及"区域间保险发展的倒 U 型假说"。探讨区域保险发展假说的目的在于发掘区域内和区域间的保险发展路径，为区域保险政策制定提供参考依据。

---

① 区域协调是指在区域经济发展这一大系统中，经济子系统与人口子系统、社会子系统、资源环境子系统和科技教育子系统之间的协调。

一、区域内保险发展的 S 型假说

在《金融地理学》中，瑞斯托·劳拉詹南引用了 1996 年的 Sigma 研究成果，即保险深度与人均 GDP 之间的关系表现为一个 S 型回归曲线。同时还从 S 型回归曲线中识别出了保险深度与人均 GDP 之间相关关系的平均值。Sigma 的研究表明，一国保险深度在人均 GDP 介于 200—300 美元之间时开始快速攀升，当人均 GDP 介于 8000—9000 美元处有一个转折点，而最终止于 25000 美元。[①]

在保险经济学中考察风险态度随财富的变化趋势，也得到了相同的结论。当人们的财富在一定水平下时，风险态度上属于风险偏好型，受限于自身的购买能力，一般不会或者很少去购买保险产品；随着收入的增加和财富的积累，风险态度逐渐转变为风险厌恶型，从而产生了保险需求，而且保险需求会随着财富的增加而增加；然而，财富的继续增长并不会使得保险需求一味快速增长，随着财富的大量积累，风险转嫁途径逐渐增多，保险需求增长会趋于缓慢。

总的来看，保险需求最终的变化还要决定于财富集聚后人们风险态度的变化，由此产生了 S 型假说（如图 2－2 所示）。

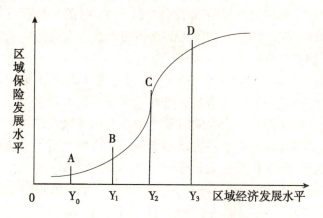

图 2－2　区域内保险的 S 型发展假说

第一阶段，区域经济发展水平低于 Y_0 时区域保险发展的空白阶段。

---

① 徐贵华：《我国区域保险发展非均衡性研究：基于省际面板数据的实证检验》，厦门大学硕士学位论文，2008 年。

换句话说，如果某个地区的经济非常落后，连基本温饱都得不到解决，没有财富积累，更谈不上发展保险。尽管该地区一样存在风险，转嫁风险的需求也十分强烈，但是只能表现为潜在保险需求，而不是有效和实际保险需求。

第二阶段，区域经济发展水平介于 Y_0 和 Y_1 之间时区域保险发展的初始阶段。伴随着区域经济发展与财富积累，真实区域保险需求将从区域经济水平为 Y_0 时的 A 点开始上升。但是在这个阶段，由于财富总量有限，人们风险意识与保险意识尚没有实现完全转化，区域保险需求和区域保险供给都比较谨慎，区域保险的发展缓慢。

第三阶段，区域经济发展水平介于 Y_1 和 Y_2 之间时区域保险发展的快速成长阶段。当区域保险发展水平超过对应 Y_1 的 B 点后，区域保险需求得到激发与释放，此时区域保险发展会进入到快速成长阶段，迎来快速保险发展时期。

第四阶段，区域经济发展水平介于 Y_2 和 Y_3 之间时区域保险发展的成熟阶段。当区域经济发展水平达到 Y_2 时，对应的 C 点是区域保险发展的拐点，经过快速发展，区域保险在 C 点之后逐步放缓增速，到达区域保险发展的成熟期。

第五阶段，区域保险经济发展水平高于 Y_3 时的平稳发展区。在这个阶段，人均保险支出随着人均收入的增长而增长，人均保费支出占 GDP 的比例是一个相对稳定的数值。

区域内保险的 S 型发展假说对于我们正确认识区域保险业的发展阶段，制定科学的区域发展战略具有指导意义。未来 5 年甚至更长时间，我国经济肯定会持续增长，而保险行业的增长会出现增长结构的变化，从依靠制度的释放效应转变为经济拉动型增长。从全球来看，当国民人均收入从 3000 美元增长到 1 万美元这个阶段，保险业的增速一般会大大高于 GDP 的增长，比如我国过去 30 年间，GDP 年均增长约 10%，而保险业达到了 30%，增速可谓强劲。到了我国的"十二五""十三五"时期，保险业增速可能会放缓，因为保险业的增长结构会出现变化。当然，增长空间还会很大，但并不见得是那种爆发式增长，而应该表现为一种平稳的、波澜不惊的发展态势。因此未来一段时间，转变发展方式、调整保险业结构将会是区域保险发展的重点方向。

二、区域间保险发展的倒 U 型假说

S 型曲线所描述的仅仅是区域保险发展的一般路径与趋势。但是，由于每个区域的社会经济发展水平及资源禀赋的不同，各保险区域的发展并不是同步的。因此，不同的保险区域，其 S 型形状有很大的差异。一般来说，保险发达区域的 S 型曲线是高耸的，而保险欠发达区域的 S 型曲线则是扁平的。

如图 2 – 3 所示，图中曲线 OAB_1C_1 描述的是保险发达区域的保险发展状况，该曲线表明，由于经济较快发展，该地区的保险发展是从 T_0 时期开始的，而且很快就脱离了低速发展阶段，也就是 OA 阶段，进入到快速发展阶段；然而保险欠发达地区开始发展却是在 T_1 时期，而且要经过比较漫长的低速发展阶段后才进入到快速增长期，过程如曲线 AB_2C_2 所示。

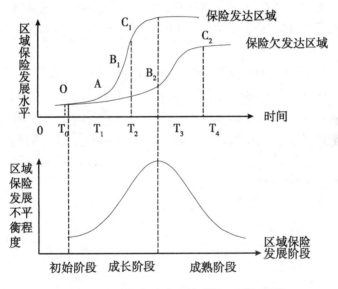

图 2 – 3　区域间保险发展的"倒 U 型"假说

进而，保险发展的区域差异性会随着区域的发展而逐步增大。如果说是在保险发展的初期，各区域之间的差异并不大，在 T_1 时期，保险发达区域与保险欠发达区域的差距很微弱，但是之后的差异越来越大，发展曲线呈"喇叭"形状，在 T_3 时期达到最大。随后，保险欠发达地区表现出明显的后发优势，区域差异逐渐缩小，最终达到区域间协调发展。

实际上，区域间保险发展不可能也没有必要绝对均衡。但是实现区域间保险发展的相对均衡与协调发展却是非常必要的。基于以上关于不同区域保险发展状况的分析，综合考虑不同区域、不同时期的保险发展路径和保险发展差异，可以将保险发展分成几个阶段：保险发展的初始阶段，也就是 T_1 时期前的阶段；保险发展的成长阶段，即 T_2 时期过后直到 T_3 时期的阶段；保险发展的成熟阶段，也就是 T_3 时期之后的阶段（徐贵华，2008）。

　　根据不同发展阶段的区域间保险发展差异程度，理论界提出区域间保险发展的"倒 U 型"假说，如图 2 - 3 中的下图曲线所示。在 T_1 时期以前，区域保险发展的差异很小，总体上处于保险发展的初始阶段；在 T_1 时期之后，各区域保险发展的速度发生了变化，保险发达区域的发展势头强劲，实现了保险快速增长，与此同时，保险欠发达区域的保险业也逐步发展起来，这样整个保险业进入到成长发展阶段；在 T_3 时，区域保险发展的差距达到最大值，这标志着区域间保险发展逐步进入到成熟阶段；之后区域间保险发展差距逐步缩小，不仅如此，区域间保险发展的步伐也逐步趋同。

　　根据区域间发展的"倒 U 型"假说理论，保险业发展到一定的阶段，保险区域之间的不平衡和不协调状况是可以得到解决的。区域保险发展不平衡是经济社会发展不平衡等因素所造成，片面追求保险区域间的无差异化反而会适得其反。要正确认识区域保险差异和不平衡，因地制宜地采取促进区域保险发展的政策，使保险发展同经济发展和社会发展相适应，最终实现区域保险发展的协调。

第三章　我国保险业区域发展现状研究

在传统的区域经济分析与决策中，时间被认为是最重要的因素，而区域空间布局却受到忽视，对经济活动的空间组织形式、组织规则缺少必要的重视（陈斐，2002）。对于我国保险业来说，统筹区域保险业发展问题已经被提上日程，已经不能简单地从时间上、从区域保险发展的历史和现状出发来预测、规划及确定区域保险的未来发展方向。传统经济学家已经逐渐意识到在区域经济分析与决策中，必须充分考虑到区域间各种经济活动的特征差异，因此考虑空间因素的区域保险研究显得越来越迫切。

从杜能的农业区位理论到韦伯的工业区位理论和克里斯塔勒的中心地区位理论，区位理论（Location Theory）的逐步完善和发展能更好地解释成本、交通、劳动力、市场等因素对产业布局的影响。我国保险产业目前的布局主要是受到市场因素的影响，造成了我国保险业发展区域差异性的存在。保险业区域发展包括保险区域间发展和保险区域内发展，但是从宏观角度探讨区域保险发展布局是本章的重点。

保险产业布局的研究一般涉及市场规模和市场结构两个方面，鉴于保险业衡量指标的多样性，本章分省级行政区域、东中西三个区域、八大区域和集中度分别研究我国保险业的区域布局。基于省级行政区域的保险业区域布局选用保险规模和发展水平两大类指标。其中，保险规模指标选取保费收入和保险公司数量，保险发展水平的指标选取保险密度、保险深度和保险业绩指数。市场结构是特定行业中企业的数量、规模、份额以及相互之间的关系，市场集中度是市场结构的一个重要因素，它集中反映市场垄断和竞争程度的高低，对市场内的企业行为和经济绩效有很大的影响（李绍星，2007）。因此，本书选取绝对产业集中度（CRn 指数）和相对产业集中度（HHI 指数）两个指标分别研究基于产业集中度的保险区域布局。

第一节　基于省级行政区域的保险区域布局分析

一、保险区域发展现状

选取保费收入、保险公司数量、保险深度、保险密度和保险业绩指数等 5 个指标，对我国省级行政区域的保险区域布局进行分析。其中，保费收入和保险公司数量反映区域保险发展规模，保险密度、保险深度和保险业绩指数反映区域保险发展水平发展潜力。5 个指标的数据均来源于 2012 年《中国保险年鉴》，保险业绩指数通过相应计算得到，原始数据如表 3 - 1 所示。

表 3 - 1　　　　　**2011 年省级行政区域保险业区域发展原始指标**

地区	保费收入（亿元）	中资保险机构（家）	外资保险机构（家）	保险密度（元）	保险深度（%）
北京	820.9123	45	5	4124.67	5.13
天津	211.7432	4	1	1563.14	1.89
上海	769.3953	31	12	5420.72	4.01
重庆	312.8379	2	1	1071.73	3.12
河北	732.8887	0	0	1012.21	3.02
山西	364.6683	1	0	1014.95	3.28
辽宁	377.6307	3	1	1016.41	2.04
吉林	223.3582	2	0	819.2	2.12
黑龙江	317.7397	1	0	829.34	2.3
江苏	1200.023	2	1	1519.25	2.47
浙江	730.6588	2	0	1556.98	2.86
安徽	432.2905	1	0	724.34	2.86
福建	350.3804	2	0	1043.11	2.36

续表

地区	保费收入（亿元）	中资保险机构（家）	外资保险机构（家）	保险密度（元）	保险深度（%）
江西	252. 2341	0	0	561. 96	2. 18
山东	890. 2274	1	0	1016. 5	2. 26
河南	839. 8183	0	0	800. 67	3. 08
湖北	501. 8171	1	0	872. 67	2. 5
湖南	443. 5309	0	0	672. 46	2. 26
广东	1222. 83	11	2	1292. 87	2. 97
海南	53. 7483	0	0	612. 6	2. 14
四川	779. 455	2	1	968. 27	3. 71
贵州	131. 8728	0	0	380. 15	2. 31
云南	239. 6718	0	0	517. 54	2. 74
陕西	343. 7208	2	0	925. 82	2. 75
甘肃	140. 927	2	0	572. 18	3. 55
青海	27. 8956	0	0	490. 97	1. 71
内蒙古	229. 7778	0	0	925. 88	1. 61
广西	212. 6634	0	0	457. 83	1. 82
宁夏	55. 3508	0	0	865. 6	2. 69
新疆	203. 615	1	0	933. 6	3. 1
西藏	7. 5988	0	0	253. 1	1. 25

二、保费收入区域布局

保费收入规模反映了地区保险业的总量水平，是反映保险市场发育程度的最基本指标，通过 CAD2007 软件，将按行政区划的省级区域保险业保费收入规模反映在空间地图上，如图 3 - 1 所示。

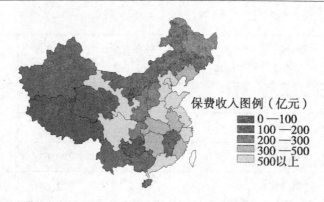

保费收入图例（亿元）

- 0 — 100
- 100 — 200
- 200 — 300
- 300 — 500
- 500以上

图3 – 1 　2009年保费收入布局状况

2011年保险市场继续平稳较快发展。一是业务持续快速增长。实现保费收入14339.25亿元，同比增长13.8%。其中财产险保费收入4617.82亿元，同比增长18.54%；寿险保费收入1.01万亿元，同比增长4.24%；健康险保费收入724.22亿元，同比增长14.63%；人身意外险保费收入225.93亿元，同比增长19.02%。保险深度3%，保险密度1062元。二是市场体系更加健全。截至2011年年末，全国共有保险集团公司10家、保险公司130家、保险资产管理公司11家。三是资产规模稳步扩大。保险公司总资产60138.1亿元，比2010年年底增长18.98%。四是经济补偿能力不断增强。2011年保险业共支付赔款和给付3929.37亿元，同比增长5.19%。

保费收入具有由西向东的梯度性特征。单从保费收入总量这一因素来看，保险业发展规模同经济发展的区域地带性相一致，形成了由西至东的梯度性特征。保费收入最高的10个省区，除河南和四川外均为东部省区，与其他省区有着明显的数量优势，且绝对量差距较大。中部地区除江西保费收入略低外，其余省区基本属于第二阶梯，保费收入差距并不大，趋于收敛。西部地区除四川和重庆外，其他省区保费收入均较低，最落后的地区集中于西部，较东部各省区有较大的差距，尽管增长率较高，但绝对量仍显不足，且西部各省区之间存在发散性。

三、保险公司区域布局

随着保险业的逐步开放，国有股份制和外资保险经济主体数量在入世后大幅增加，但在地域分布上却存在明显的差异性，通过CAD软件，将各地区保险经营主体以地理空间的方式反映在地图上，如图3 – 2所示。

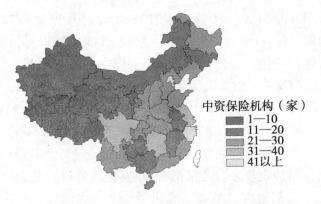

中资保险机构（家）
- 1—10
- 11—20
- 21—30
- 31—40
- 41以上

图 3 – 2a　2009 年中国境内保险公司数量

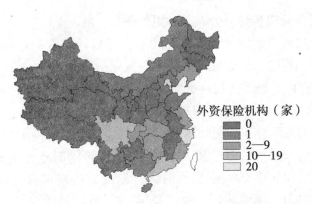

外资保险机构（家）
- 0
- 1
- 2—9
- 10—19
- 20

图 3 – 2b　2009 年在中国的外资保险公司数量

图 3 – 2　2009 年中国保险公司地区分布状况

从图 3 – 2 所示的中国保险公司状况可以看出，同保费收入、中国经济发展的地区性特一致，也呈现明显的东中西梯度分布趋势，地区间的差异性十分明显。

1. 保险经营主体分布差异较大

保险经营主体是指在保险市场上为消费者提供各类保险商品，并在发生保险责任范围内事故导致保险标的损毁时承担赔偿或给付保险金业务的保险人，即与投保人订立保险合同，并承担赔偿或给付责任的保险公司。

2011 年，国内保险主体继续增加，但是区域数量差异仍较大。截至 2011 年年末，全国共有保险集团公司 10 家、保险公司 130 家、保险资产管理公司 11 家。从保险公司资本结构属性看，中资保险公司共有 79 家，外资保险公司共有51家。其中,中资产寿险分别为39家和37家,中资再保险公司3家;外资产寿险分别为21家和25家,外资再保险公司5家。全国共有省级(一级)分公司1619家,中支和中支以下营业性机构68968家。保险公司数量的增加极大地促进了保险市场的供需平衡,2009年美国市场已经有各种保险公司5000多家,而我国保险市场的垄断性仍较强。此外,国内区域不平衡性依然严峻,与地区经济发展水平和人口分布状况不协调。2011年,东部的北京、上海、深圳等地经营性保险公司不仅数量多,且新机构增加也较多,北京拥有50家保险公司,仅2011年就新增7家,而广大中西部地区仍然是少数几家保险公司垄断经营,如图3-2所示。

2. 外资保险机构地区分布差异更加明显

2001年之后,我国保险业发展的一个明显特点就是外资机构的进入。1992年,我国保险市场设立了第一家外资保险分公司——美国友邦上海分公司,中国保险市场的大门从此对外打开。外资保险公司的大举进入主要在2001年之后,由于加入WTO法律文件对地域的限制,也造成了外资保险机构布局的地区分布差距问题。

在中国的入世承诺中,保险机构设立的地域限制施行逐步放开,主要分三个阶段。第一阶段,刚加入时,首先开放的城市有上海、广州、大连、深圳和佛山;第二阶段,加入两年内,地域扩大到北京、成都、重庆、福州、苏州、厦门、宁波、沈阳、武汉和天津;第三阶段,加入3年内,取消地域限制。

外资保险公司业务的发展同样经历三个阶段,逐渐形成了机构分布的地区差异。第一阶段,从1992年引进美国友邦保险到入世后3年(即2004年)。外资产险公司只允许做三资企业的业务,外资寿险公司只允许做个人营销业务,并且有严格的地域限制,在这12年时间里,民族保险业受到保护,国内保险公司的竞争是这一阶段的主要问题,外资保险公司进入我国市场的速度是严格受限的,发展缓慢的。第二阶段,从2004年到2007年,监管机构对国内保险业的保护措施相对来讲减少,外资保险公司数量进一步增加,事实上,内资与外资的真正较量正是从这个时期开始的。除了外资设立寿险公司必须合资且控股比例不得超过50%、外资产险公司不得经营交强险的限制以外,基本实现了保险业全面对外开放。取消保险公司设立的地域限制,外资保险机构在数量上逐渐增多，至 2011 年年底 15 个国家和地区的 52 家外资保险公司在中国设立 159 个营业性机构。2011 年，外资保险公司保费收入 473.01 亿元，占保险市场份额为 3.3%，比上年同期减少了 0.58 个百分点。此阶段，外资在中国保险市场中的区域布局差距也特别明显，在较早开放的地区，如上海和北京有经营性收入的外资机构已经超过 20 家，江苏和广东也已经超过 10 家，而很多中西部地区无一家外资机构，如表 3 - 1 所示。2011 年，北京、上海、深圳、广东外资保险公司相对集中的区域保险市场上，外资保险公司的市场份额分别为 12.17%、13.69%、6.16% 和 6.99%。

四、保险密度区域布局

保险密度是指按照一个国家的全国人口计算的人均保费收入，它反映了一个国家保险的普及程度和保险业的发展水平。将 2009 年各地区保险密度反映在空间地图上，得到图 3 - 3，显示了我国保险密度的空间收敛性。

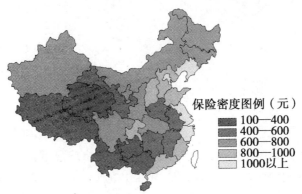

图 3 - 3　2009 年保险密度地区分布

分析表明，我国省际保险密度空间布局并未表现出与保费收入、经营主体相一致的东中西梯度分布的特性。我国省际保险密度在呈现出区域集聚特征的同时，全国趋同的趋势也在增强。虽然加入 WTO 等对我国保险密度的区域集聚性与整体收敛性都带来了冲击，但整体收敛的趋势依然稳定，表明区域保险业发展水平会随着经济发展水平的趋同而趋同。

尽管我国省际保险密度有了较快的增长，但各省保险密度年均增长率在整个经济空间上并没有显著的区域集聚特征，空间分布与经济发展水平非均衡性明显。从地区来看，泛中部地区的区域集聚趋势最明显，东部地区次之，西部地区最弱，而且中部地区的保险密度基本都朝向唯一的中心收敛，东部、西部地区则逐步形成了多中心的发散型收敛格局，出现了"子群体"集聚的现象，如江浙粤、琼滇陇及青桂就是明显的三个子群体。

五、保险深度区域布局

保险深度是指某地保费收入占某地国内生产总值（GDP）之比，它反映了该地保险业在整个国民经济中的地位。将 2009 年各地区保险深度反映在空间地图上，得到图 3 - 4，反映了我国保险密度的空间收敛性。

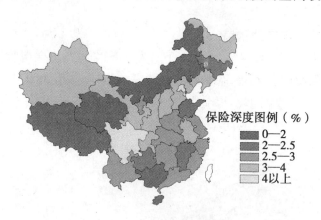

保险深度图例（％）
- 0—2
- 2—2.5
- 2.5—3
- 3—4
- 4 以上

图 3 - 4　2009 年保险深度地区分布

首先，保险业整体在国民经济中的地位并不理想。与世界保险业发达国家相比，我国保险业在整个国民经济中的地位略显低。2009 年工业化国家保费收入在国内生产总值中的平均占比为 8.6％，我国达到 3.32％，略高于新兴市场的平均值 2.9％，与世界平均水平 7.0％ 还存在较大的差距[①]。

其次，国内各省的保险发展规模与经济地位不相匹配。虽然省际之间保险深度存在差距不大，但并未与各地经济发展相匹配。保险深度大于 3％ 的只有 12 个省份，除四川和甘肃外，集中分布于东部，而全国大多地区都集中在 2％—3％ 之间，表明保险业在整个国民经济中的地位都偏低，整体趋于收敛。

---

① 资料来源：《瑞再研究报告》2010 年第 2 期。

六、保险业绩指数区域布局

保险业绩指数（insurance performance index）是指一年内某省市的保险深度指标与全国保险深度的比值，用公式表示：

$$保险业绩指数 = \frac{某省市的保险}{全国的保险} = \frac{某省市的保费收入/全国的保费收入}{省市的 GDP/全国的 GDP}$$

$$= \frac{省市的保险地位}{省市的经济地位} \qquad （公式 3-1）$$

一般来说，保险业发展水平的衡量指标主要包括保费收入、保险密度和保险深度指标。然而，在各省级区域保险发展的业绩水平比较时，保费收入、保险密度和保险深度指标这几项指标均存在一些缺陷，不能全面地反映省级区域的保险发展业绩水平。其间，作为一项绝对量指标，保险费收入只能反映各省级区域保险业的自身发展状况，却没有考虑到各个省级区域的保险业发展基础；保险密度虽然能够反映保险业发展的人口条件，却和经济发展水平无关；保险深度虽然反映了各个省区保险业发展的自身发展状况以及与经济基础之间的关系，但是不能直接反映出省区保险业发展的业绩水平。[1]

本书用保险业绩指数描述 2009 年我国各地区保险与经济发展的匹配度。从上述公式可以看出：比值为 1，说明一个地区保险业的整体发展水平和该地区的经济发展水平基本一致；比值大于 1，说明一个地区保险业的整体发展水平好于该地区的经济发展水平；比值小于 1，说明一个地区保险业的整体发展水平落后于该地区的经济发展水平。利用 CAD，将 2009 年保险业绩与空间因素相结合，得到图 3-5。

首先，各地区保险与经济发展的匹配度存在巨大差异。东部地区尽管保险业整体发展水平较高，但相对于其自身经济发展水平还较落后，保险业发展潜力巨大。北京、天津、上海、河北保险业相对于经济的贡献率较高，而辽宁、江苏、浙江、福建、山东、广东和海南相对贡献率较低，说明这些地区的保险业仍有挖掘的潜力。

其次，保险业绩指数呈缓慢下滑趋势，表明地区保险业发展滞后于经济发展。资料显示，自 1997 年至 2005 年国内保险业绩指数大于 1 的地区

---

[1]　祝向军：《我国省级区域保险业发展评价：基于保险业绩指数的分析》，《上海保险》2007 年第 7 期。

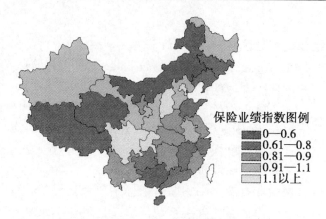

图 3 - 5　2009 年保险业绩指数地区分布

个数呈缓慢下降趋势。改革开放中经济的快速增长并未带来保险业的同步增长，尽管保险业也以年均超过 30% 的速度增长，但绝对量仍不能与经济总量增长相一致。导致保险业绩指数呈下滑趋势，表明地区保险业发展潜力仍需继续挖掘，以进一步促进当地保险需求转化为现实保费收入。

七、保险区域发展聚类分析

保险规模、水平指标分析表明，其中保费收入、保险公司和保险密度的地区分布差距较大，呈离散状分布，而保险深度和保险业绩指数地区分布差距较小，收敛性明显。因此需要将 4 个指标进行综合分析。

聚类分析是一种建立分类的多元统计分析方法，它能够充分考虑诸多特征，按照性质上的亲疏程度在没有先验知识的情形下将一批样本或变量数据自动分类，产生多个分类的结果。类内部个体特征拥有相似性，不同类间个体特征的差异性则较大。其中"没有先验知识"指的是不事先指定分类的标准；"亲疏程度"指的是在各变量特征取值上的总体差异程度。聚类分析正是以此为基础对数据进行自动分类的。

聚类分析主要有两种方法，第一种是快速聚类分析方法（K-Means Cluster Analysis）第二种是层次聚类分析方法（Hierarchical Cluster Analysis）。假如观察值个数或者文件比较庞大（通常来讲观察值个数在 200 个以上），就应该采取快速聚类方法。所谓层次聚类分析，就是根据观察值或者是变量之间的亲疏程度，把最相似对象放在一起逐次聚合，将观察值分类直至所有样本最后都聚成一类。层次聚类分析包括两种形式，一种是对样本（cases）进行分析，也即 Q 型聚类，它能把有共同特点的样本聚在一起，对不同类样本进行分析；另一种是对研究对象的观察变量（variables）进行分类，也即 R 型聚类。它把有共同特征的变量聚集在一起，分别从不同类中选出有代表性的变量作分析，减少分析变量个数。

　　为了综合反映各地区保险业之间的差距，本书采用层次聚类法（Hierarchical Cluster）中的 Q 型聚类，以综合反映在没有先验知识的情况下，反映地区之间保险业的亲疏程度。其思想是开始将样品或指标各视为一类，根据类与类之间的距离或相似程度将最相似的类加以合并，再计算新类与其他类之间的相似程度，并选择最相似的类加以合并，这样每合并一次就减少一类，不断继续这一过程，直到所有样品或指标合并为一类为止。样本之间距离采用欧式距离法（Euclidean distance），即两个个体（x，y）间的欧式距离是两个个体 k 个变量值之差的平方和的平方根，数学定义为：

$$EUCLID(x,y) = \sqrt{\sum_{i=1}^{k}(x_i - y_i)^2} \qquad （公式 3-2）$$

　　本书选取能较好衡量保险业发展规模和水平的指标，即保费收入、保险密度、保险深度和保险业绩指数四个指标进行聚类分析，原始数据如表 3-1 所示。

　　将表 3-1 中的分析数据作为 31 个样品 $G_i(i=1,2,\cdots,31)$，且两个不同的样品 x 和 y 之间的距离采用平方欧式距离，即：

$$SEUCLID(x,y) = \sum_{i=1}^{k}(x_i - y_i)^2 \qquad （公式 3-3）$$

然后把距离最短的归为一类。利用对 SPSS16.0 原始数据进行 Q 型聚类分析，为得到较合理的结果，将分类数（clusters）分别设定为 4、5、6 三种，得到不同的分类结果，如表 3-2 所示。

表 3-2　　　　　　　　　　　　聚类结果

地区	4 Clusters	5 Clusters	6 Clusters
北京	1	1	1
天津	2	2	2
上海	1	1	3
重庆	3	3	4
河北	3	3	4
山西	3	3	4

地区	4 Clusters	5 Clusters	6 Clusters
辽宁	3	3	4
吉林	3	3	4
黑龙江	3	3	4
江苏	4	4	5
浙江	4	4	5
安徽	3	3	4
福建	3	3	4
江西	3	5	6
山东	3	3	4
河南	3	3	4
湖北	3	3	4
湖南	3	3	4
广东	4	4	5
海南	3	5	6
四川	3	3	4
贵州	3	5	6
云南	3	5	6
陕西	3	3	4
甘肃	3	5	6
青海	3	5	6
内蒙古	3	3	4
广西	3	5	6
宁夏	3	3	4
新疆	3	3	4
西藏	3	5	6

从聚类结果可以看出：

（1）对分类结果进行比较，结合不同指标下的区域布局状况，认为分

5 类较能合理地综合反映目前我国保险业的区域布局状况，即区域相似性和差距。

第一类地区为北京和上海，无论从保险规模还是增长速度都处于前列，且发展水平高于全国水平；第二类地区为天津，尽管保费收入和保险密度不在第一层级，但是保险深度和业绩指数遥遥领先，自成一类；第三类地区为重庆、河北、山西、辽宁、吉林、黑龙江、安徽、福建、山东、河南、湖南、湖北、四川、陕西、内蒙古、宁夏、新疆，4 个指标综合考察，此类包括了全国较多地区，也是我国整体保险业发展水平的反映；第四类地区为江苏、浙江、广东，此类地区无论是保险发展规模还是水平都处于第一层级，唯独保险业绩指数略低，表明保险业发展对全国的贡献不及经济的贡献率，发展潜力巨大；第五类地区为江西、海南、贵州、云南、甘肃、青海、广西、西藏，此类地区整体发展落后于全国水平，属重点扶持区域。

（2）我国保险业发展存在明显的地区差异，东部与中西部差异较大，中西部差异不明显，且东部存在三种类型区域，中部无明显差异，西部发展不均较明显。就东部而言，第一、二、四类地区全在东部，第一、二类各指标较一致，比较协调；第四类地区规模和水平较高，但对全国的相对贡献度不够，潜力巨大；还有部分省份隶属第三类地区，与全国水平持平。就中部而言，除江西外，其余省份都集中于第三类区域，基本与中部的经济发展水平相一致。就西部而言，基本分为两种类别，一种属于第三类，为西部发展较均衡的省区，另一种为第五类地区，表明发展落后于全国水平，属于发展不协调，需要重点扶持的省份，如图 3-6 所示。

图 3-6 2009 年保险业地区聚类

尽管通过 4 个指标的聚类分析，可以将我国 31 个省市区聚为 5 类，但仍表现为东中西区域梯度性。鉴于其与经济发展的关系密切，以及我国历史中形成的三大区域特定差异，本书下文仍将按照东、中、西三大区域对保险业的区域协调，以及产生协调问题的原因进行实证分析。

八、保险机构总部分布

我国保险机构总部的分布具有集聚性特征。其中北京市、上海市、广东省分别以 50 家、43 家和 13 家分列前三位，其他多个省份有 1—2 家总部，另有 13 个省份没有保险机构的总部。保险机构总部的具体分布如表 3 - 3 所示。

表 3 - 3　　　　　　　　　各省市区保险公司总部数量表

地区	保险机构总部数量	机构名称
北京	中资：48 家 中外合资：8 家 再保险：5 家	中国人民保险集团股份有限公司、中国人民财产保险股份有限公司、中国人民人寿保险股份有限公司、中国人民健康保险股份有限公司、中国人寿保险（集团）公司、中国人寿保险股份有限公司、中国人寿财产保险股份有限公司、中国人寿资产管理有限公司、中国人寿养老保险股份有限公司、中国再保险（集团）股份有限公司、中国财产再保险股份有限公司、中国人寿再保险股份有限公司、中再资产管理股份有限公司、中国出口信用保险公司、民生人寿保险股份有限公司、阳光保险集团股份有限公司、阳光财产保险股份有限公司、阳光人寿保险股份有限公司、华泰人寿保险股份有限公司、新华人寿保险股份有限公司、新华资产管理股份有限公司、泰康人寿保险股份有限公司、安邦财产保险股份有限公司、安邦人寿保险股份有限公司、安邦资产管理有限责任公司、长城人寿保险股份有限公司、嘉禾人寿保险股份有限公司、昆仑健康保险股份有限公司、华农财产保险股份有限公司、正德人寿保险股份有限公司、中银保险有限公司、英大泰和人寿保险股份有限公司、英大泰和财产保险股份有限公司、幸福人寿保险股份有限公司、长安责任保险股份有限公司、信达财产保险股份有限公司、中邮人寿保险股份有限公司、中融人寿保险股份有限公司、中意人寿保险有限公司、中意财产保险有限公司、中英人寿保险有限公司、瑞泰人寿保险有限公司、中航三星人寿保险有限公司、中法人寿保险有限责任公司、新光海航人寿保险有限责任公司、慕尼黑再保险公司北京分公司、瑞士再保险股份有限公司北京分公司、苏黎世保险公司北京分公司、现代财产保险（中国）有限公司、法国再保险公司北京分公司
天津	中资：1 家 中外合资：3 家	渤海财产保险股份有限公司、光大永明人寿保险有限公司、恒安标准人寿保险有限公司、爱和谊日生同和财产保险（中国）有限公司

续表

地区	保险机构总部数量	机构名称
上海	中资：18家 中外合资：19家 再保险：3家 台资：2家	中国人保资产管理股份有限公司、中国大地财产保险股份有限公司、太平人寿保险有限公司、太平养老保险股份有限公司、太平资产管理有限公司、中国太平洋保险（集团）股份有限公司、中国太平洋财产保险股份有限公司、中国太平洋人寿保险股份有限公司、太平洋资产管理有限责任公司、华泰财产保险有限公司、华泰资产管理有限公司、天安保险股份有限公司、天安人寿保险股份有限公司、大众保险股份有限公司、永诚财产保险股份有限公司、安信农业保险股份有限公司、天平汽车保险股份有限公司、长江养老保险股份有限公司、国华人寿保险股份有限公司、中宏人寿保险有限公司、建信人寿保险有限公司、中德安联人寿保险有限公司、工银安盛人寿保险有限公司（金盛）、交银康联人寿保险有限公司、海尔人寿保险有限公司、海康人寿保险有限公司、长生人寿保险有限公司、中美联泰大都会人寿保险有限公司、国泰人寿保险有限责任公司、国泰财产保险有限责任公司、汇丰人寿保险有限公司、美国友邦保险有限公司上海分公司（第一家分公司）、美亚财产保险有限公司、东京海上日动火灾保险（中国）有限公司、丰泰保险（亚洲）有限公司上海分公司、太阳联合保险（中国）有限公司、丘博保险（中国）有限公司、三井住友海上火灾保险（中国）有限公司、三星财产保险（中国）有限公司、德国通用再保险股份公司上海分公司、劳合社保险（中国）有限公司、汉诺威再保险股份公司上海分公司、信利保险（中国）有限公司
重庆	中资：1家 中外合资：2家	安诚财产保险股份有限公司、中新大东方人寿保险有限公司、利宝保险有限公司
河北	—	—
山西	中资：1家	中煤财产保险股份有限公司
辽宁	中资：1家 中外合资：3家	百年人寿保险股份有限公司、首创安泰人寿保险有限公司、日本财产保险（中国）有限公司、中荷人寿保险有限公司
吉林	中资：2家	安华农业保险股份有限公司、都邦财产保险股份有限公司
黑龙江	中资：1家	阳光农业相互保险公司

续表

地区	保险机构总部数量	机构名称
江苏	中资：2 家 外资：1 家	紫金财产保险股份有限公司、利安人寿保险股份有限公司、乐爱金财产保险（中国）有限公司
浙江	中资：2 家	信泰人寿保险股份有限公司、浙商财产保险股份有限公司
安徽	中资：1 家	国元农业保险股份有限公司
福建	台资：1 家	君龙人寿保险有限公司、富邦财产保险有限公司
江西	—	—
山东	中资：1 家	泰山财产保险
河南	—	—
湖北	中资：1 家	合众人寿保险股份有限公司
湖南	—	—
广东	中资：9 家 中外合资：4 家	太平财产保险有限公司（深圳）、中国太平保险集团公司（香港）、中国平安保险（集团）股份有限公司、华安财产保险股份有限公司、生命人寿保险股份有限公司、生命保险资产管理有限公司、民安保险（中国）有限公司、鼎和财产保险股份有限公司、信诚人寿保险有限公司、招商信诺人寿有限公司、安联保险公司广州分公司、日本兴亚财产保险（中国）有限责任公司、众诚汽车保险公司
海南	—	—
四川	中资：2 家 外资：1 家	和谐健康保险股份有限公司、锦泰财产保险股份有限公司、中航安盟财产保险有限公司
贵州		
云南	—	—

地区	保险机构总部数量	机构名称
陕西	中资：2 家	永安财产保险股份有限公司、华夏人寿保险股份有限公司
甘肃	—	—
青海	—	—
内蒙古	—	—
广西	—	—
宁夏	—	—
新疆	中资：1 家	中华联合财产保险股份有限公司
西藏	—	—

资料来源：据相关网络、报告、调研资料整理得到，数据截止到 2011 年 12 月。

第二节　基于东中西三大经济区划的保险业区域发展布局分析

本部分对 2001—2009 年各省市区保险业发展的规模、深度、密度、速度等几个方面按照东部、中部和西部三大区进行加总比较。各地区每年的保费收入由其所包括的省、自治区、直辖市每年的保费收入加总而得，各地区每年的保险深度为整个地区的保费收入总和除以该地区 GDP 总和而得，各地区每年的保险密度由各地区的保费收入总和除以该地区人口总和而得，各地区的增长速度由其所包括的省、自治区、直辖市的每年的增长速度加总后平均而得。计算结果见表 3－4。

表3-4　　　　　　　　　东中西部保险状况的比较

指标	区域	2001年	2002年	2003年	2004年	2005年	2006年	2007年	2008年	2009年	2010年	2011年	平均
保费收入(亿元)	东部	1406.5	1985.3	2523.1	2690.6	3112.9	3294.2	4340.7	5143.3	5862.5	7132.5	7360.4	4077.5
	中部	363.6	588.9	754.2	954.0	1054.3	1212.1	1487.2	2285.7	2383.9	3100.6	3375.5	1596.4
	西部	343.1	478.9	603.1	673.5	761.2	918.4	1189.1	1730.0	2008.1	2379.1	2685.4	1251.8
	东中差	1042.0	1396.4	1768.9	1736.6	2058.6	2082.1	2853.6	2857.6	3478.6	4031.9	3984.9	2481
	东西差	1062.5	1506.4	1920.0	2017.1	2351.7	2375.8	3151.6	3413.3	3854.5	4753.4	4675	2825.6
	中西差	20.5	110.0	151.1	280.5	293.1	293.8	298.1	555.6	375.8	721.5	690.1	344.6
保险深度(%)	东部	2.2	2.8	3.0	2.7	2.6	2.4	2.7	2.7	2.8	2.9	2.5	2.67
	中部	1.4	2.1	2.3	2.4	2.3	2.3	2.3	2.9	2.8	3.9	2.6	2.48
	西部	1.8	2.3	2.6	2.4	2.3	2.3	2.5	3.0	3.0	3.3	1.9	2.49
	东中差	0.8	0.7	0.7	0.3	0.4	0.1	0.4	-0.2	0.0	-1	-0.1	0.19
	东西差	0.4	0.5	0.5		0.4	0.4	0.4	-0.3	-0.2	-0.4	0.6	0.2
	中西差	-0.4	-0.3	-0.2	0.1	0.0	-0.1	-0.1	-0.1	-0.2	0.6	0.7	0
保险密度(元/人)	东部	293.3	411.6	518.9	546.3	615.1	643.7	838.4	984.4	1136.0	1337.3	1327.5	786.6
	中部	85.7	138.3	176.1	221.7	252.6	290.0	355.4	543.8	557.2	798.4	796.6	383.3
	西部	94.1	130.5	163.3	181.4	211.6	254.0	327.6	473.7	545.4	744.5	526.2	332
	东中差	207.6	273.4	342.8	324.6	362.5	353.7	483.0	440.6	578.8	538.9	530.9	403.3
	东西差	199.2	281.1	355.6	364.9	403.5	389.7	510.8	510.7	590.6	592.8	801.3	454.6
	中西差	-8.4	7.7	12.8	40.3	41.0	36.0	27.8	70.1	11.8	53.9	270.4	51.2
增长速度(%)	东部	34.2	41.2	27.1	6.6	15.7	5.8	31.8	32.5	11.4	23.3	4.9	21.3
	中部	10.4	62.0	28.1	26.5	10.5	15.0	22.7	52.2	13.1	18.9	8.2	24.3
	西部	22.9	39.6	25.9	11.7	13.0	20.7	29.5	39.8	18.0	20.3	16.5	23.4

资料来源：《中国保险年鉴》（2002—2012）和《中国统计年鉴》（2002—2012）计算并整理。

一、区域发展规模比较

保费收入可以直接反映保险业的发展规模，从表3-4中可以看出，自2001年以来我国三大区域的保险规模都在逐渐扩大。但是从11年的保费收入平均值来看，各地区保险业发展规模差距较大，东部的年平均收入分别是中部和西部的 2.55 倍和 3.26 倍。此外，尽管政府在积极努力实施西部大开发战略，但是仍然没能缩小三大区域保险业发展的差距，而且差距还在逐步扩大。如图 3-7 所示，2009 年之前中西部差距除了 2008 年的波动外，无太大变化，2010 年以来虽然也无明显变化，但是东西部、东中部差距（2007 年和 2008 年基本持平）却是逐年拉大，表明中部和西部发展相对落后于东部。

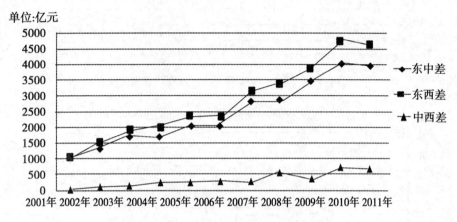

图 3-7　2001—2011 年三大区域保费收入差距

二、区域发展水平比较

发展水平可以用保险深度和保险密度来衡量。保险深度是保费收入占GDP 的比重，保险密度是人均保费收入。三个地区的保险深度差距不大，主要是由于三个地区的保险业发展规模从东向西逐渐减小的同时，GDP 基数也在逐渐减小。保险密度的差距与保险深度不同，中西部差距不大，而东中部和东西部差距尽管在 2003 年至 2006 年变化不大，但是在 2006 年至2009 年却有增大的趋势（如图 3-8 和图 3-9 所示）。在图 3-8 中，2001—2011 年三大区域的保险深度差距变化不尽相同。其中 2001—2010年东中部差距和东西部差距保持了波动下降的趋势，而 2011 年以后二者又都出现了较大的增幅；而 2001—2011 年中西部差距虽然也保持波动变化，但总趋势是不断上升的。保险密度的差距变化和保险深度的有所不同，如图 3-9 所示，除了 2011 年，中西部的保险密度差距不大，而东中部差距和东西部差距较大且保持了波动上升的趋势（2010 年与 2011 年东西部变化不大）。

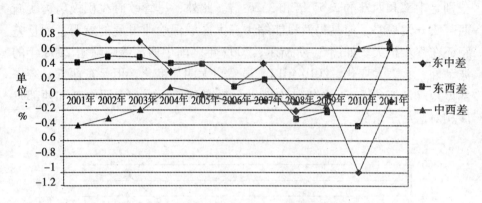

图 3 - 8　2001—2011 年三大区域保险深度差距

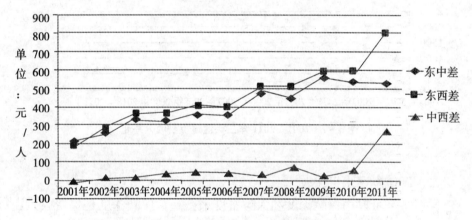

图 3 - 9　2001—2011 年三大区域保险密度差距

三、区域发展速度比较

保险业的发展速度可以用保费收入的增长速度表示，即本年保费收入与上年保费收入之差除以上年保费收入。由表 3 - 4 可知，三个地区保费收入增长速度有一定差距，但并未表现出特有的阶梯性，尤其 2004、2006、2009、2011 年东部增长率达到最低，中部在 2002、2004 年和 2008 年增长率最高，西部在 2008 年达到最高。从图 3 - 9 不难发现，中西部历年增长率比较接近，而东部基本呈波浪趋势。总的来说，2002—2004 年，三大区域的增长率都有所下降，2006—2008 年迅速上升，2009 年有所回落，虽然 2010 年有所上升，但 2011 年又都下降。

基于省级行政区域以及东、中、西三大区划的保险业区域发展布局表

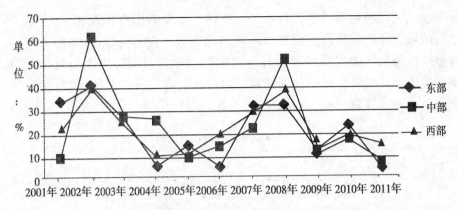

图 3 – 10　2001—2011 年三大区域保费收入增长率

明我国保险业存在明显的东、中、西梯度分布趋势，且差异性有扩大的趋势。近年来对我国区域保险是否存在东、中、西差异性曾存在一定的争论，本课题在以单一指标分析的基础上，选用保费收入、保险密度、保险深度和保险业绩指数进行层次聚类分析后发现，我国保险业与经济发展的区域梯度性相一致，东部有明显的先发优势，中西部差异不大。再对 2001—2011 年各地区保险业发展的规模、深度、密度、速度等几个方面按照三大区进行加总比较，结果发现存在明显的绝对值扩大趋势，与目前国家强调的构建社会主义和谐社会、缩小地区间经济差距和统筹区域保险相矛盾，值得关注。

第三节　基于八大经济区域的保险业区域发展分析

2005 年 6 月，国务院发展研究中心发布的《地区协调发展的战略和政策报告》中正式确立"八大经济区域"的发展战略。具体划分方法是：南部沿海地区（广东、福建、海南）、东部沿海地区（上海市、江苏省、浙江省）、北部沿海地区（北京、天津、河北、山东）；东北地区（黑龙江、吉林、辽宁）；长江中游地区（湖北、湖南、江西、安徽）、黄河中游地区（河南、陕西、山西、内蒙古）；西南地区（广西、云南、贵州、四川、重庆）、西北地区（甘肃、青海、宁夏、西藏、新疆）。基于目前的经济发展状况，该划分似乎更符合当今经济发展的实际和要求，更加科学。根据这个政策方针，本文对 2004—2011 年各地区保险业发展的规模、深度、密度、速度等几个方面按照八大经济区域进行加总比较。各经济区域每年的保费收入由其所包括的省、自治区、直辖市每年的保费收入加总而得，各经济区域每年的保险深度为整个地区的保费收入总和除以 GDP 总和而得，各经济区域每年的保险密度由各地区的保费收入总和除以人口总和而得，增长速度由各经济区域所包括的省、自治区、直辖市的总体保费的增长速度加总后平均计算得到。结果见表 3－5。

表 3－5　　　　　　　　　　基于八大区域的保险状况比较

指标	区域	2004 年	2005 年	2006 年	2007 年	2008 年	2009 年	2010 年	2011 年
保费收入（百万元）	东北地区	35561.59	38267.81	43718.05	49906.65	73695.64	81950.2	88375.3	91872.9
	北部沿海地区	83593.25	109610.3	110494.2	140174.5	181508.2	212797.9	268037.7	265577.2
	东部沿海地区	96857.92	102946.6	121517.8	140171.8	186874.8	211356.6	251526.5	270007.7
	南部沿海地区	47338.68	53227.88	63493.4	82603.41	115262	126466.4	154129.9	162695.8
	黄河中游地区	44393.34	49304.67	58148.63	74152.86	113136.2	128168.3	159120.3	177798.5
	长江中游地区	43994.76	48501.84	56180.66	71116.83	109982.6	126614.1	151706.8	162987.3
	西南地区	40047.23	45734.16	55805.04	73153	107301.7	124809.8	148175.4	167650.1
	大西北地区	13527.04	14556.23	17217.9	21322.25	29939.44	33278.63	40153.27	43538.72
保险密度（元/人）	东部沿海地区	697.97	727.51	847.14	966.54	1275.16	1482.75	1610.44	1718.78
	北部沿海地区	451.71	586.78	585.78	735.51	941.58	1091.95	1337.34	1311.42
	南部沿海地区	374.72	392.62	463.53	595.34	823.17	895.08	1027.36	1077.3
	东北地区	331.02	357.3	405.79	490.55	677.36	797.1	806.72	837.77
	黄河中游地区	231.93	256.4	307.76	381.94	594.97	671.76	829.31	925.78
	长江中游地区	187.54	212.14	244.61	315.51	486.09	542.18	667.81	714.56
	大西北地区	226.1	241.75	282.79	346.23	481.5	523.65	627.33	706.98
	西南地区	159.84	184.01	231.23	302.28	444.7	514.28	643.25	692.87

续表

指标	区域	2004 年	2005 年	2006 年	2007 年	2008 年	2009 年	2010 年	2011 年
保险深度（%）	东部沿海地区	2.83	2.52	2.56	2.49	2.87	2.94	2.91	3.13
	北部沿海地区	2.65	2.81	2.43	1.82	2.83	3.03	3.23	2.88
	黄河中游地区	2.55	2.23	1.93	2.31	2.48	2.49	2.94	2.35
	东北地区	2.35	2.23	2.22	2.14	2.59	2.86	2.36	2.09
	西南地区	2.34	2.3	2.41	2.62	3.17	3.25	3.19	4.84
	大西北地区	2.76	2.45	2.48	2.62	1.49	5.33	3.06	1.92
	长江中游地区	2.17	2.17	2.18	2.28	3.8	2.92	2.82	2.46
	南部沿海地区	1.99	1.83	1.84	2.01	2.4	2.4	2.45	1.77
增长速度（%）	东北地区	基期	7.61	14.24	14.16	47.67	11.2	8.15	5.37
	北部沿海地区		31.12	0.81	26.86	29.49	17.24	25.03	3.06
	东部沿海地区		6.29	18.04	15.35	33.32	13.1	17.74	8.73
	南部沿海地区		12.44	19.29	30.1	39.54	9.72	30.51	6.69
	黄河中游地区		11.06	17.94	27.52	52.57	13.29	20.91	12.35
	长江中游地区		10.24	15.83	26.59	54.65	15.12	21.63	6.61
	西南地区		14.2	22.02	31.09	46.68	16.32	19.5	13.25
	大西北地区		7.61	18.29	23.84	40.41	11.15	22.81	20.19

一、发展规模比较

保费收入可以直接反映保险业的发展规模，从图 3 - 11 中可以看出，自 2004 年以来我国八大经济区域的保险规模有着明显差异。北部沿海地区和东部沿海地区的差距很小，但与其他经济区域的保费规模差距逐渐扩大，2011 年其保费收入占全国保费收入比例的 40％ 左右。南部沿海地区、黄河中下游地区、长江中下游地区和西南地区这 4 个区域的保费相差不大，其各自保费收入大约为全国的 12％ 左右；与保费规模发展最好的北部沿海地区和东部沿海地区的差距近几年保持稳定。东北地区保费规模"自成一派"，高于大西北地区，约为发展最好的北部沿海地区保费收入的 35％；东北地区在 2004 年保险规模与南部沿海地区等四省相差不大，却在 2004 年之后差距持续扩大。而保费规模最小的则是大西北地区，仅仅约为发展最好的北部沿海地区保费收入的16%。八大经济区域的保险规模可以明显地划分为四大块，正好与国家提出的"振兴东北战略""中部崛起战略""西部开发战略"所代表的经济区域相符。

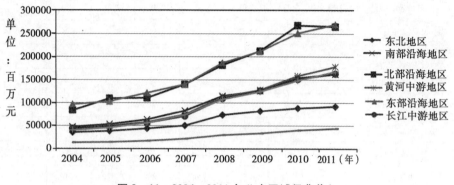

图3－11　2004—2011年八大区域保费收入

二、发展水平比较

发展水平可以用保险深度和保险密度来衡量。保险深度是保费收入占GDP的比重，保险密度是人均保费收入。八大经济区域的保险密度差距很大（如图3－12所示），特别是东部沿海地区发展迅速，与其他经济区域的差距明显扩大，这与当地保费发展规模大、常住人口数量不是很多有一定关系。东北地区虽然保险发展规模在八大经济区域中排倒数第二位，但由于其地区常住人口少，保险密度排第四位。长江中游地区、大西北地区和西南地区则相差无异，排在最后几位。

由于全国的保险深度相对较小，八大经济区域的保险深度从2004年至2007年间都保持在2%—3%之间。而2008年，数据发生了比较明显的变化。除大西北地区猛烈下降外，其他地区都有不同程度的增长，特别是长江中游地区涨幅最大。而从2008年到2009年，大西北地区的保险深度剧烈回升，涨幅达3倍左右，而长江中游地区迅速回落至以往的正常发展水平。其他的六大经济区域在2009年的保险深度平稳少量上升。2009—2011年，大西北地区保险深度又出现大幅度下降，跌至2%左右，而西南地区出现较明显的增长，其他六大区域波动不大（如图3－13所示）。

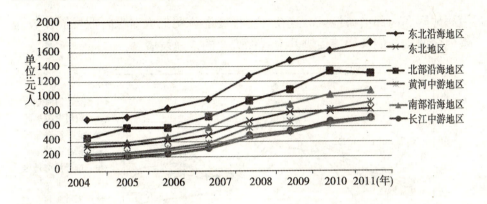

图 3 – 12 2004—2011 年八大区域保险密度

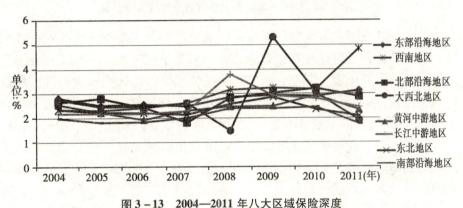

图 3 – 13 2004—2011 年八大区域保险深度

三、发展速度比较

保险业的发展速度可以用保费收入的增长速度表示，即本年保费收入与上年保费收入之差除以上年保费收入。由表 3 – 5 可知八大经济区域的保费收入都保持了增长，但是增长速度有一定差距。其中北部沿海地区的保费收入增长速度有一定曲折性，2005 年发展速度最快达到 30%，2006 年则最慢几乎没有增长，2007 年又快速上升，而在 2007—2011 年也一直在波动，总趋势是下降。其他七个地区在 2005—2008 年间变化趋势一致，都是上升且在 2008 年达到最大值，2008 年以后各地区增长速度又都出现了大幅度的下降，虽然在 2010 年有所回升，但是 2011 年又都下降。总体来说，长江中游地区、黄河中游地区、西南地区、大西北地区、东北地区其保险业的发展速度明显高于传统保险业发展良好的北部沿海地区、东部沿海地区和南部沿海地区。这在一定程度上说明加大对保险业发展比较缓慢地区的支持能够快速促进其地区保险业的快速发展。

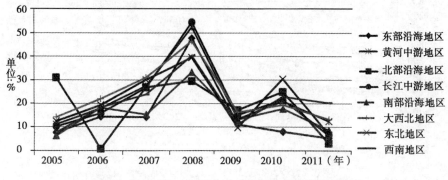

图 3 - 14 2005—2011 年八大区域保费收入增长率

基于八大经济区域划分的保险业区域发展布局表明我国保险业存在明显的区域特征，且差异性有扩大的趋势。本课题在对 2001—2011 年各省市区保险业发展的规模、深度、密度、速度等几个方面按照八大经济区域进行加总比较，结果发现存在比较明显的差异，与目前国家强调的构建社会主义和谐社会、缩小地区间经济差距和统筹区域保险相矛盾，值得关注。

当然，除了八大区域保险业的发展呈现出区域变化的分布趋势，八大区域的地理、经济等方面也呈现出区域性特征。根据 2011 年中国统计年鉴的统计，东北地区（包括黑龙江、吉林、辽宁三省）总面积达 79.43 万平方公里，总人口 10966 万。这一地区的自然条件与资源禀赋结构比较相近，历史上的相互联系也比较紧密，它是重型装备和设备制造业的基地，同时，它保持着能源原材料制造业基地的地位，更是全国性的专业化农产品生产基地。但是，目前，面临的共同问题多，如资源枯竭问题、产业结构升级问题等。北部沿海地区（包括北京、天津、河北、山东二省二市）总面积达 37.08 万平方公里，总人口 20251 万。这个地区的地理位置优越，交通便捷，教育文化科技事业发达，对外开放程度较高。它是最有实力的高新技术研发和制造中心之一，它的发展加速了区域一体化的进程。东部沿海地区（包括上海、江苏、浙江两省一市）总面积达 21.14 万平方公里，总人口达 15709 万。这个地区的现代化起步早，对外经济联系较密切，是改革开放的先行区域，人力资本相当丰富，发展优势明显它是最具影响力的多功能的制造业中心，同时也是最具竞争力的经济区之一；南部沿海地区（包括广东、福建、海南三省）总面积达 33.73 万平方公里，总人口达 15102 万。这个地区毗邻港、澳、台，有丰富的海外社会资源，对外开放程度较高。黄河中游地区（包括河南、陕西、山西、内蒙古三省一区）总面积达 171.24 万平方公里，总人口达 19205 万。这个地区的自然资源特别是煤炭与天然气资源非常丰富，地处内陆，战略地位重要，不过对外开放不足，调整结构的任务艰巨。它是最重要的外向型经济发展的基地和消化国外先进技术的基地，同时也是高档耐用消费品和非耐用消费品生产基地和高新技术产品制造中心。长江中游地区（包括湖北、湖南、江西、安徽四省）总面积达 70.42 万平方公里，总人口达 22810 万。这个地区的农业生产条件优良，人口稠密，对外开放程度低，产业转型压力大。它是以水稻和棉花为主的农业专业化生产基地，也是钢铁和有色冶金的原材料基地；除此之外，它还拥有武汉"光谷"和汽车生产基地。西南地区（包括云南、贵州、广西、四川、重庆三省一市一区）总面积达 137.02 万平方公里，总人口达 23714 万。这一地区地处偏远，土地贫瘠，贫困人口较多，对南亚开放的条件较好。它包括以重庆为中心的重化工业和以成都为中心的轻纺工业两大集群，同时以旅游开发为龙头的"旅游业 – 服务业 – 旅游用品生产"基地。大西北地区（包括甘肃、青海、宁夏、西藏、新疆两省三区）总面积达 410.37 万平方公里，总人口达 6284 万。这一地区自然条件恶劣，地广人稀，市场狭小，向西开放存在一定的条件。它是重要的能源战略接替基地、最大的综合性优质棉、粮、果、畜产品深加工基地，同时也是向西开放的前沿阵地、中亚地区经济基地和特色旅游基地。

第四节　基于产业集中度的保险业区域发展布局分析

大量的实证研究表明，产业市场集中度与经济绩效之间确实存在着一定程度的正相关关系。美国学者贝恩（1959）等人认为，在具有寡占或是垄断市场结构的产业中，少数企业间的串谋、协调行为提高了进入壁垒，削弱了市场竞争性，其结果往往是产生超额利润。本书将选用产业集中度指数对 2001 年至 2009 年我国各省级行政区域的保险市场集中度进行实证分析。

一、资料来源与说明

市场集中度主要以保费收入作为衡量指标。本书选取了 2001—2009 年各省、自治区、直辖市的保费收入，资料来源于 2002—2010 年《中国保险年鉴》地方版、各地区各财产保险分公司业务统计表和各人身保险公司业务统计表。

二、分析方法

产业集中度是产业经济学研究领域的一个重要概念。它是针对特定产业来说的集中度，反映特定行业或产业中最大几家企业所占的市场份额，是分析产业状况、市场竞争形势以及企业影响力的相对量化指标。一般倾向是以3—8家行业内最大企业在生产经营等方面所占本行业总量的份额来表示产业集中度。研究产业集中度，一是用产业集中度本身的定义，二是用赫芬达尔 – 赫希曼指数表示。

1. 绝对集中度指标：CR_n 指数

产业集中度（Concentration Ratio）是指某年度特定产业的市场容量中最大几家企业的份额，是对产业状况、市场竞争形势及企业影响力分析的相对量化指标。衡量保险产业集中度的指标一般是保费收入，其公式如下：

$$CR_n = \sum_{i=1}^{n} x_i / T \qquad （公式 3 – 4）$$

其中，x_i 表示在保险企业中，按保费收入从大到小排列时，第 i 个企业的保费收入；n 表示参与计算的最大几家企业的数目；T 表示整个保险产业的保费收入。

按美国学者贝恩的以绝对集中度指标为依据的市场结构分类方法，2000年，我国保险市场应属于寡占 I 型市场结构，即极高寡占型市场结构。

表 3 – 6　　　　　　　　　　贝恩的市场机构分类　　　　　　　　　单位：%

集中度 市场结构	CR_4 值	CR_8 值
寡占 I 型	$75 \leqslant CR_4$	—
寡占 II 型	$65 \leqslant CR_4 < 75$	或 $85 \leqslant CR_8$
寡占 III 型	$50 \leqslant CR_4 < 65$	$75 \leqslant CR_8 < 85$
寡占 IV 型	$35 \leqslant CR_4 < 50$	$45 \leqslant CR_8 < 75$
寡占 V 型	$30 \leqslant CR_4 < 35$	或 $40 \leqslant CR_8 < 45$
竞争型	$CR_4 < 30$	$CR_8 < 41$

2. 相对集中度指标：赫芬达尔－赫希曼指数（HHI 指数）

赫芬达尔－赫希曼指数（Herfindal-hirschman Index）能够用来检验在任何集中度既定的市场中，厂商规模的分布是否均匀。该指数能够非常全面地反映市场份额的变化，对离散值更为敏感。采用该指数能很容易地看出整个行业集中度的变化，与 CR_n 相比，更加突出了市场的集中情况。本书采用 HHI（其中选取 4 家保费收入最高的保险公司）来研究保险业的市场集中度，其计算公式为：

$$HHI = \sum_{i=1}^{n} (X_i/T)^2 \qquad （公式 3 - 5）$$

其中，x_i 表示保险产业中企业按其保费收入从大到小排列时，第 i 个企业的保费收入；n 表示参与计算的最大几家企业的数目；T 为整个保险产业的保费收入。

若市场份额按 0—100 的百分比值计算，HHI 值范围则从最小 0 到 10000。HHI 指数越大，说明市场集中度越高；HHI 指数越小，则市场集中度越低。按照赫芬达尔－赫希曼指数将市场结构分为 6 种基本类型，即高度寡占型 $HHI > 1800$，低度寡占型 $1000 < HHI < 1800$，低集中竞争型 $500 < HHI < 1000$，分散竞争型 $200 < HHI < 500$，高度分散型 $100 < HHI < 200$ 和极端分散型 $HHI < 100$。

三、人身保险产业集中度实证分析

目前国内的保险公司仍采用分业经营，所以对人身险和财产险分别进行研究，本节着重分析全国 31 个省、自治区、直辖市以及东中西三大区域近年来人身保险市场集中度的变化情况。选用各地区排名前四家的人身保险公司的保费收入数据，用绝对集中度指数 CR_n 和相对集中度指数 HHI 进行实证分析，以研究我国人身保险业市场集中度的区域差异性、发展趋势以及对整个保险产业经营的影响。

在对全国 31 个省、自治区、直辖市人身保险业务绝对集中度指数分析后发现，中国人寿占据着保费收入的主导优势。以绝对集中度指标来衡量，2006 年之前各省际人身保险公司市场集中度均大于 75%，属于寡占 I 型；2006 年北京、上海达到了寡占 II 型；2009 年辽宁、黑龙江、江苏、山东、湖北、广东、四川、陕西也相继达到了寡占 II 型；同时北京、上海则达到了寡占 III 型。以相对集中度指标来衡量，全国大部分省份属于高度寡占型，在 2004 年时仅仅只有北京和上海为低度寡占型，而到了 2009 年，除了北京已经成为低竞争型、上海继续保持低度寡占型外，山东、河南、四川也达到低度寡占型。从集中度分析结果可以看出：

（1）东部地区内资竞争激烈，外资奋起直追。实证分析表明，中国人寿占据人身保险市场的主导地位，平安人寿发展迅速，2009年，北京、天津、上海、深圳、青岛、深圳和大连七个省市中，平安人寿所占市场份额已经超过中国人寿，位居第一。尤其在2005年，中意在北京的市场份额竟达到了46.02%，① 友邦也已经超过其他外资和一些中资保险公司，在这些地区的保费收入排名在前5位，2007年友邦北京的市场份额高达11.15%。

（2）中部各省份差异不明显，垄断较严重。通过对中部8个省份的比较发现，市场集中降幅缓慢，中国人寿仍占据绝对优势。该区域内，山西、江西和吉林的市场集中度相对较高，直到2004年各省份的CR_4才脱离100%。2001—2009年，中国人寿的市场份额有所降低，但除吉林、黑龙江和湖北外，其他省份仍保持在40%左右。

（3）西部各省份差异明显，发展迅速。西部人身险市场集中度较低的省份有重庆、四川、云南、陕西和新疆，这五省市与其余七省区基本呈现两极分化，西藏最落后，西部市场的保险经营主体还是相对较少，垄断明显，只有四川的CR_4值降低至70%以下。

（4）从HHI分析结果来看，从2001年至2003年，所有省、自治区、直辖市的HHI都大于1800，属于高度寡占型，北京、天津和上海集中度相对较低；2004年，北京和上海的HHI值首次降到了1000—1800，成为低度寡占市场；2009年，我国保险业在金融危机以来总体保持了健康发展，全国共有寿险经营主体59家，较上年增加3家。从各经营主体的市场份额来看，中国人寿、平安人寿、太平洋人寿、泰康人寿以及新华人寿的市场份额共计77.1%，较上年同期下降1.5个百分点。北京的HHI值为973，形成低集中竞争型市场，为保险主体竞争最激烈、效率最高的地区。

（5）东、中、西部三大区域人身保险集中度。考虑到我国保险业存在明显的梯度差异性。本书分东、中、西部进行研究，集中度CR_3结果表明东部集中度始终低于中、西部地区，而中、西部集中度差不大。此外，三

---

① 2005年3月31日，中意人寿保险有限公司与中国石油天然气集团公司签署的"中意阳光团体年金保险"200亿元人民币保费已经全部计入中意人寿当月的保费收入。凭借这笔保费，中意跃居当年寿险北京市场份额第一。

大区域的市场集中度从 2001 年至 2009 年均呈降低趋势，但各区域间又表现不同。其中，中部地区人身保险集中度的下降趋势较快，年均降幅度为 5.55%，而东、西部每年人身保险集中度降低的比率分别为 4.25%、4.97%。

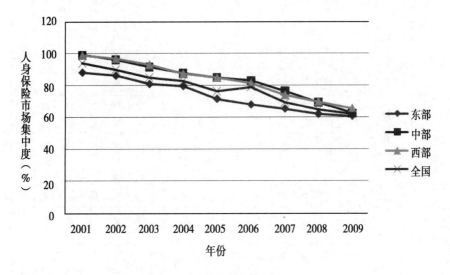

图 3 – 15　区域人身保险集中度

四、财产保险产业集中度实证分析

选用各地区排名前四家财产保险公司的保费收入数据，用绝对集中度指数 CR_4 和相对集中度指数 HHI 进行实证分析，以研究我国财产保险市场集中度的区域差异性、发展趋势以及对整个保险产业经营的影响，实证结果如表 3 – 7 和表 3 – 8 所示。

对于全国 31 个省（自治区、直辖市）财产保险业务绝对集中指数分析后发现，以绝对集中指标衡量，2009 年北京、天津、重庆、江苏、河南、山东、陕西、甘肃等地均为寡占 II 型，上海、浙江达到了寡占 III 型；以相对集中度指标衡量，上海集中度最低，2004 年就到了低度寡占型，2009 年北京、天津、上海、浙江、江苏五地均达到低度寡占型。中国人保仍然占据着保费收入的主导优势，各地区集中度下降速度平缓，重庆、江苏等地略有回升。从集中度分析可以看出：

表 3 – 7　各省、自治区、直辖市人身险集中度

地区	2001 CR$_4$	2001 HHI	2002 CR$_4$	2002 HHI	2003 CR$_4$	2003 HHI	2004 CR$_4$	2004 HHI	2005 CR$_4$	2005 HHI	2006 CR$_4$	2006 HHI	2007 CR$_4$	2007 HHI	2008 CR$_4$	2008 HHI	2009 CR$_4$	2009 HHI
北京	94.15	3066	89.88	2569	84.85	2030	76.85	1659	79.71	2514	65.06	1087	53.67	759	57.62	882	60.1	973
天津	88.98	2940	90.07	2677	91.15	2598	84.59	2186	81.27	2032	77.5	1971	67.15	1286	67.95	1568	78.3	2071
上海	94.4	3226	86.81	2592	80.73	2247	74.01	1777	72.12	1701	68.25	1461	58.52	1065	55.62	882	58.63	1264
重庆	100	4301	97.81	4147	95.9	3554	92.5	3258	92.93	3297	92.27	3116	85.68	2487	79.21	2307	78.78	2097
河北	100	6165	99.37	5509	96.79	4128	93.34	4329	95.25	4759	93.51	4465	85.73	3274	80.99	3157	76.95	2325
山西	100	5998	100	6318	99.99	5807	98.66	5405	98.04	4985	97.29	4765	94.66	4109	89.52	3678	82.3	3172
辽宁	100	4812	98.6	4182	93.41	3299	87.65	2851	83.43	2894	84.24	2924	78.39	2248	70.63	1746	74.03	1807
吉林	100	5416	100	5283	100	4693	98.33	4365	96.22	3811	94.38	3588	86.29	2512	80.64	2467	78.92	1912
黑龙江	100	5509	99.39	4924	97.58	4027	93.71	4606	92.2	4309	92.37	4411	88.65	3837	76.18	2646	70.66	1813
江苏	98.68	4148	98.16	3760	96.51	3755	93.61	3761	93.25	3781	89.6	3586	81.73	2978	74.98	2488	73.35	2190
浙江	99.72	4342	97.69	4932	96.04	4504	94.17	4665	94.18	4724	92.94	4392	85.85	3669	77.11	2886	78.74	2686
安徽	100	5063	98.71	4824	96.18	4492	95.45	5018	93.77	4729	93.51	4544	92.72	3560	85.57	3319	79.07	2597
福建	100	5337	99.17	4629	97.45	4530	97.68	4834	96.65	4446	94.6	4150	89.14	3493	86.54	3398	85.18	2950
江西	100	7161	100	7185	100	6796	97.51	6429	94.93	5887	95.3	5770	93.25	5021	83.23	3682	79.37	2786
山东	99.62	4865	98.27	3917	94.84	3671	91.97	3689	92.55	3820	89.34	3370	74.31	2161	73.22	2044	70.3	1729
河南	100	8254	98.82	6383	95.6	5142	92.02	4397	93.72	4427	91.75	4248	87.62	3077	83.56	2708	76.47	1751

续表

年份 地区	2001 CR$_4$	2001 HHI	2002 CR$_4$	2002 HHI	2003 CR$_4$	2003 HHI	2004 CR$_4$	2004 HHI	2005 CR$_4$	2005 HHI	2006 CR$_4$	2006 HHI	2007 CR$_4$	2007 HHI	2008 CR$_4$	2008 HHI	2009 CR$_4$	2009 HHI
湖北	98.92	5304	97.49	4671	95.6	4192	94.35	4291	85.31	2861	82.61	2601	80.5	2438	72.77	1906	68.08	1383
湖南	100	6119	98.31	5559	95.55	4950	95.71	5054	94.49	4799	93.35	4390	80.62	3017	77.58	2743	78.04	2424
广东	97.15	4295	93.25	4348	89.26	3808	85.2	3690	83.04	3177	81.25	3164	72.33	2181	72.87	2386	72.98	2230
海南	100	4021	100	3716	100	3563	100	4082	100	4263	100	3779	100	3107	90.05	2585	88.92	2306
四川	97.99	5034	96.06	4689	92.26	3724	87.2	3307	83.29	2969	80.71	2765	68.71	1793	68.25	1741	66.08	1548
贵州	100	5169	100	4831	100	4586	100	4301	100	4687	100	4544	95	3324	90.46	3093	85.83	2563
云南	100	5582	98.79	5621	97.42	4271	95.52	3627	93.75	3438	91.64	3511	89.69	2800	80.42	2122	75.43	1916
陕西	100	6231	99.73	5796	97.7	5210	97.27	4694	94.58	4470	92.91	4197	87.75	3436	78.75	2752	74.71	233
甘肃	100	7017	100	7279	100	7156	100	6484	100	6124	100	5567	96.57	4244	94.2	3553	90.15	2833
青海	100	6647	100	6609	100	5905	100	5082	100	4834	100	4210	100	4138	100	10000	100	10000
内蒙古	100	8461	100	8083	100	7986	100	7552	100	6940	100	6293	98.44	5572	93.31	4330	88.4	3462
广西	100	6129	100	6351	99.99	6028	99.22	6001	97.83	5673	98.07	5696	96.14	4834	88.09	4108	86.44	3597
宁夏	100	5485	100	5216	100	5200	100	4959	100	4500	100	4291	99.22	3580	97.65	3353	96.82	3088
新疆	100	5078	99.69	5043	99.12	5149	97.49	4923	96.23	4356	95.04	4093	94.25	3599	88.27	3185	83.8	2583
西藏	—	—	—	—	—	—	—	—	—	—	—	—	—	—	—	—	100	10000

表3-8　　　各省、自治区、直辖市计划单列市财产险公司市场集中度

年份 地区	2001 CR₄	2001 HHI	2002 CR₄	2002 HHI	2003 CR₄	2003 HHI	2004 CR₄	2004 HHI	2005 CR₄	2005 HHI	2006 CR₄	2006 HHI	2007 CR₄	2007 HHI	2008 CR₄	2008 HHI	2009 CR₄	2009 HHI
北京	99.98	4425	98.46	4031	94.96	4443	87.51	3178	83.52	2514	81.75	2320	70.3	1567	74.47	1928	68.31	1642
天津	100	5494	99.58	5496	97.11	5455	84.9	4457	85.63	3099	77.78	2649	74.01	2402	70.23	1988	68.73	1739
上海	86	2935	83.64	2754	75.64	2087	67.31	1418	63.94	1205	65.47	1238	77.14	2040	59.62	1165	60.37	1129
重庆	100	4651	98.55	4264	94.11	3885	87.36	2960	81.73	2411	75.47	1949	69.62	1809	70.64	1940	72.22	2135
河北	100	6912	99.98	6481	99.94	6575	96.47	6041	90.19	4617	86.2	3691	81.38	3261	80.09	3039	77.91	2691
山西	100	8322	100	7909	99.33	7130	97.53	6507	92.2	5570	88.86	4787	86.54	4225	80.62	3760	80.94	3290
辽宁	100	6328	99.99	6208	98.78	6319	95.71	5222	87.5	3848	82.66	3016	78.37	2658	79.77	2747	76.49	2510
吉林	99.99	6271	100	6589	100	6959	100	6227	93.95	5265	88.03	3797	84.38	2608	82.34	2302	78.51	2026
黑龙江	100	7307	100	7394	100	7187	98.47	5915	90.43	4217	81.01	3115	78.8	2755	82.66	2696	77.29	2166
江苏	98.53	4767	97.85	4225	93.35	3845	74.01	2385	79.5	2259	72.7	1752	68.76	1599	68.26	1607	71.28	1790
浙江	99.26	5497	97.37	4709	89.9	4222	83.13	2771	76.3	2294	70.22	1910	65.78	1635	64.2	1619	63.23	1594
安徽	99.99	6490	99.87	6229	98.96	5849	99.25	5479	91.56	4884	86.55	3700	83.62	3213	78.1	2798	75.8	2162
福建	100	7049	99.6	6309	99.6	6651	94.47	5269	86.34	3970	83.7	3146	82.98	2941	78.92	2747	79.05	2715
江西	100	8590	100	7828	100	7564	97.22	6812	94.6	4591	88.01	3609	87.78	3377	81.44	3040	80.86	2977
山东	100	5850	99.43	5686	99.73	5773	97.22	4623	86.53	3432	76.91	2364	72.96	2055	73.85	2086	70.79	1933
河南	99.98	8597	100	8307	98.76	7587	93.57	5557	81.87	3713	68.94	2702	70.68	2319	69.86	2074	68.46	1830

续表

地区	2001 CR₄	2001 HHI	2002 CR₄	2002 HHI	2003 CR₄	2003 HHI	2004 CR₄	2004 HHI	2005 CR₄	2005 HHI	2006 CR₄	2006 HHI	2007 CR₄	2007 HHI	2008 CR₄	2008 HHI	2009 CR₄	2009 HHI
湖北	100	7206	100	7040	99.1	6472	95.05	4951	84.94	3715	77.9	2792	78.47	2854	78.2	2870	78.04	2827
湖南	100	6959	99.87	6520	98.62	6161	95.1	5487	88.64	4558	80.95	3168	80.76	2633	78.41	2525	75.64	2250
广东	99.23	5520	97.67	5055	93.59	4694	84.13	2933	83.87	2565	81.64	2199	58.35	1073	78.6	2007	78.67	1992
海南	100	4326	100	4072	99.53	4050	99.06	3745	98.42	3589	95.2	3218	86.2	2482	87.09	2390	86.62	2212
四川	100	7191	99.32	6573	94.23	5561	87.7	3492	84.2	2996	78.97	2477	75.01	2359	74.06	2274	75.39	2337
贵州	100	6462	100	6143	100	6221	100	5675	100	5139	94.56	4290	87.07	3383	83.23	2778	77.49	2155
云南	100	7172	100	6878	99.27	6687	95.26	5357	91	4593	86.56	3679	83.66	3187	84.08	3202	83.65	2901
陕西	99.99	5495	99.74	5302	98.91	5059	87.89	3537	85.02	3185	76.46	2285	74.04	2081	71.27	1975	67.91	1835
甘肃	100	8245	100	8149	100	8011	97.21	6657	90.69	5157	83.54	3788	80.22	3268	77.77	3079	74.74	2712
青海	100	8854	100	8395	100	7974	100	7312	100	7048	100	6194	100	5009	99.68	4786	96.04	4115
内蒙古	100	9608	100	9608	100	9204	100	8468	99.5	6775	96.07	4705	86.97	3341	82.47	2617	80.19	2407
广西	100	6932	100	6711	99.93	6513	97.86	5490	94.84	4891	88.53	3985	84.86	3404	85.51	3378	86.53	3110
宁夏	100	8821	100	8246	100	7342	100	7208	100	6860	100	5768	97.52	4761	94.77	4387	95.74	4363
新疆	99.47	4838	99.03	4555	98.07	4342	96	4071	95.75	3947	94.26	3681	92.22	3603	92.01	3637	91.41	3449
西藏	100	10000	100	10000	100	10000	100	10000	100	10000	100	7720	100	6958	100	7475	100	7020

（1）东部地区各省市场格局区域特征也较明显。除海南外，其他地区保险公司数量众多，发展较快，竞争较为充分。其中上海竞争最充分，CR_4 为 60.37%，浙江 CR_4 也达到了 63.23%。虽然中国人保的保费收入仍然占主导，但其市场份额下降较大，平安、太保、中华联合等 3 家公司业务发展迅猛，保费收入持续快速增长。车险业务继续发展，其他特色非车险实现快速发展，在产险业务中的占比不断提高，如北京、天津等地的政策性农业险，辽宁的环境污染责任险，上海的航运保险、离岸再保险发展迅速，等等。

（2）中部地区各省保险业集中度仍然较高。除河南 CR_4 达到 68.46%，为寡占 II 型，其他省份均处于 CR_4 在 75% 至 80.94%。2005 年至 2009 年，随着平安保险、太平洋保险、中华联合、国寿财险、大地保险的大力发展，以及中小保险公司的增加，市场集中度已经大幅度下降。由于中部地区是我国的产粮区，其政策性农业保险发展势态良好，2009 年黑龙江阳光农业的保费收入达到 16.3 亿元，占全省财险业务收入的 28.25%。

（3）西部地区保险市场集中度较高，发展极度不平衡。至 2009 年，重庆、陕西、甘肃达到寡占 II 型，青海、宁夏、新疆的 CR_4 仍在 90% 以上。在西部大开发的背景下，西部市场主体也逐渐增加，但是出现了不平衡，其中陕西、贵州、青海发展较为迅速，其他变化不太，而重庆集中度却增大，CR_4 从 2007 年的 69.62% 增至 2009 年的 72.22%。2007—2009 年中安邦、大地、阳光、国寿财险、永安也加入了此地区的竞争，并快速占领市场。

（4）东、中、西三大区域财产保险市场集中度。以东、中、西三大区域来衡量，选取保费收入前三家的人保财险、太保产险和平安产险进行集中度分析。结果表明（如图 3-16 所示），随着我国保险市场主体的不断增加，市场集中度从 2001 年到 2007 年有了大幅度降低，2008、2009 年全国的区域财险保险集中度相差不大，东部、西部集中度略有上升，中部集中度略有下降，东部、西部地区 CR_3 的增长率高于总保费的增长率，因此 2009 年中部地区除三大家保险公司外，其他保险公司也在快速占领份额，区域内保险公司竞争性增强。从保费收入总量来看，东部仍然是保费收入的主要地区，保费收入总量前五位的是广东、江苏、浙江、山东、北京，但其增长率仅为 21.7%，西部总保费增长率最高为 25.4%，中部为 23.8%。

通过人身保险和财产保险集中度的对比发现，财产保险市场集中度降低的速度快于人身市场。2001—2003 年，我国财产保险市场整体属于高度

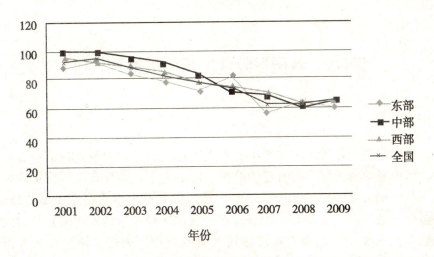

图 3 – 16　区域财产保险集中度

寡占型。财产保费收入增幅不及人身保费收入，且主要是机动车辆及第三者责任保险收入增幅较大。2004 年和 2005 年，只有上海进入低度寡占型市场格局，但是全国财产保险业务有了较大发展，集中度逐渐降低。2009年，全国产险业务保持稳步较快发展势头，北京、天津、上海、江苏、浙江进入低度寡占型市场格局。从增长速度看，全国有 20 多个省市产险增长速度高于全国水平，且排在前五位的均是中西部地区。从保费收入总量来看，东部仍然是保费收入的主要地区。与此相适应，随着保险主体的增加，中小保险公司、外资保险公司在东部地区的市场份额逐渐增加，北京、天津、上海、江苏、浙江进入低度寡占型市场格局。

　　基于产业集中度的保险业空间布局分析表明，我国保险业竞争程度不足，且东、中、西三大区域差异性较大。从市场份额比例来看，我国保险市场已逐步形成以国有控股保险公司为主体，中、外资保险公司并存，多家保险公司竞争发展的新格局。市场主体的多元化有力地促进了保险公司经营观念的转变和先进技术的借鉴，保险公司开始强化竞争和开放意识。但是本书对人身保险和财产保险集中度的实证研究表明，自 2001 年我国保险产业集中度呈现逐年下降趋势，集中度与保险业发展程度基本一致，北京、上海、江苏、浙江等东部省份的保险业集中度明显低于中西部地区，且集中度降低的速度也快于中西部，而中部和西部大多省份的集中度相差不大。

第四章　我国保险业区域发展协调性研究

协调度是指系统之间或系统要素之间在发展过程中彼此和谐一致的程度，体现系统由无序走向有序的趋势。迄今为止，还没有出现直接测度区域保险协调发展的模型和公式，但在其他领域有很多协调度模型的应用。以金融领域为例，王君芬（2008）在《我国区域金融的发展差异及空间效应研究》一文中，以四大经济板块为研究对象，通过总体比较和各指标Theil测度来研究区域金融总体差异和分行业区域差异的特征，发现区域内差异始终明显大于区域间差异。董绳周（2007）在《我国区域金融发展研究》一文中，选取1980—2005年各地区相关经济指标的面板数据，采用固定效应模型，以人均GDP增长率为被解释变量，以进出口、金融相关率和固定资产投资为解释变量，探讨了区域金融发展水平对区域经济增长的效应。

尽管目前关于保险业方面也有一些相关的研究文献，但是总体来讲还缺乏比较权威、时效和有说服力的研究。"十二五"规划报告已经对区域协调发展提出了新的要求，我国保险业发展也前所未有地面临区域发展协调性的难题。为此本文拟采用综合协调度模型，对我国区域保险协调发展程度进行定量分析，并提出相关建议，以期为"十二五"期间以及未来我国保险业区域协调发展提供政策依据。

本章分析中将我国区域保险发展协调度分为区域内保险发展协调度和区域间保险发展协调度两部分来阐述，区域内保险与经济发展协调度采用综合协调度模型，区域间保险发展协调度拟采用距离协调度模型。研究表明，无论是区域之内还是区域之间，都存在保险区域不协调的问题。

第一节　区域内保险与经济协调度的实证分析

一、综合协调度模型——变异系数法

综合协调度的理论基础来自于协同论。根据协同论，系统在相变

点处的内部变量包括快弛豫变量和慢弛豫变量两种。慢弛豫变量也称为系统的序参量，是决定系统相变进程的根本变量。这类变量数量不多，其衰减变化缓慢。快弛豫变量屈从于慢弛豫变量，不能导致系统结构和功能的变化，可以不予关注。快弛豫变量的数目较多，衰减变化更快。序参量（慢弛豫变量）对系统有序度有两种效果。序参量增加，系统有序度的趋势上升，产生正功效；序参量减少，系统有序度的趋势下降，产生负功效。

序参量对系统有序度的影响一般用功效系数 EC（Efficiency Coefficient）表示，用关系式即功效函数（Efficiency function）描述。用 Vji 表示序参量，则功效函数为：

$$EC(V_{ji}) = F(V_{ji}) = \frac{X_{ji} - L_{ji}}{U_{ji} - L_{ji}} (L_{ji} \leq X_{ji} \leq U_{ji}), EC(V_{ji}) \text{ 具有正功效}$$

（公式 4 - 1）

$$EC(V_{ji}) = F(V_{ji}) = \frac{X_{ji} - L_{ji}}{U_{ji} - L_{ji}} (L_{ji} \leq X_{ji} \leq U_{ji}), EC(V_{ji}) \text{ 具有负功效}$$

（公式 4 - 2）

式中，F 代表关系式，j 为子系统的下标（ $j \in [1, m]$ ），i 为子系统序参量的下标（ $i \in [1, n]$ ）。序参量 V_{ji} 在系统实际表现值为 X_{ji}（$j = 1$，2，…，m；$i = 1$，2，…，n；），U_{ji} 和 L_{ji} 为系统稳定时指标变量 V_{ji} 的临界点的上、下限，即 $L_{ji} \leq V_{ji} \leq U_{ji}$。$EC$ 介于 0 和 1 之间，当目标最满意时取 $EC = 1$，当目标最差时取 $EC = 0$。

根据功效系数可以构建协调度函数（Function of Coordinate Degree），这里的函数值称为协调度（Coordinate Degree）。方法不同，构建的协调度函数也不相同，常见的协调函数通常有以下几种：

（1）几何平均法：

$$CD = \sqrt[n]{DC(V_{11}) * DC(V_{12}) \cdots DC(V_{mn})} = \sqrt[n]{\prod_{j=1, i=1}^{m, n} DC(V_{ji})}$$

（公式 4 - 3）

式中，m 代表子系统下标，n 代表序参量的下标（以下同）。CD 值愈大，说明系统的协调性愈好，反之，则说明系统协调性愈差。加权平均法同于此。

（2）加权平均法：

$$CD = W_1 1 * DC(V_{11}) + W_{12} * DC(V_{12}) + \cdots W_{mn} * EC(V_{mn})$$

$$= \prod_{j=1,i=1}^{m,n} W_{ji} * EC(V_{ji}) \qquad （公式 4-4）$$

式中，$\sum_{i=1,j=1}^{m,n} W_{ji} = 1$，$W_{ji}$ 为 $EC(V_{ji})$ 的权重系数，计算的加权和即系统的协调度。

（3）方差法：

$$CD = \frac{[EC(V_{11}) - EC(\bar{V})]^2 + [EC(V_{12}) - EC(\bar{V})]^2 + \cdots [EC(V_{mn}) - EC(\bar{V})]^2}{n-1}$$

$$（公式 4-5）$$

式中，$EC(V)$ 代表序参量功效系数的平均值。CD 值越大，系统的协调度越低。变异系数法也同于此。

（4）变异系数法：

$$CK = \frac{S}{EC(\bar{V})} + 100\% \qquad （公式 4-6）$$

$$S = \frac{[EC(V_{11}) - EC(\bar{V})]^2 + [EC(V_{12}) - EC(\bar{V})]^2 + \cdots [EC(V_{mn}) - EC(\bar{V})]^2}{n-1}$$

$$（公式 4-7）$$

假如某年数据恰好为最小值，采用几何平均法的结果可能为零，所以这里不予采用；至于加权平均法，由于权重确定有太多人为因素，方法不同可能得到的权重不同，所以也不予采用，余下的方差法与变异系数法却能够反映协调度的相对离散程度，计算方法上完全一样，因此本文拟采用变异系数法进行计量分析。

二、指标选取和数据说明

1. 指标选取

从整体上看，国民经济就是一个大的系统，又包括了很多子系统，本文以其中一个子系统——区域保险经济子系统为研究对象，然后再将保险经济子系统划分成保险子系统与经济子系统，从中分别挑选一些指标，构建区域保险经济指标体系，如图 4-1 所示。

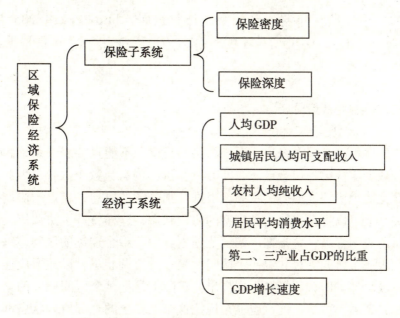

图 4-1 区域保险协调度评价指标

对于保险子系统，我们选取保险密度和保险深度这两个能反映地区保险发展程度的指标。保险密度是指用一国或一地区当年保费总额除以当年常住人口得到的比值，其中保费收入总额反映该地区保险经济的发达程度，同时也从一定侧面与一定程度上反映了该地区的经济发展程度。保险深度一般用保费收入总额与所产出的国民生产总值（GNP）或者国内生产总值（GDP）的比值来衡量，我国一般采用保费收入总额占 GDP 的比重来衡量。这个比重越大，该地区保险业在国民经济中的地位就较高。

关于经济子系统，我们选择人均 GDP，GDP 增长速度，二、三产业占 GDP 的比重，城镇居民的人均可支配收入，农民人均纯收入以及居民平均消费水平等指标来反映。其中，人均 GDP、GDP 增长速度以及二、三产业占 GDP 的比重这三个指标分别反映经济总量、经济效率和经济结构，城镇居民的人均可支配收入与农民人均纯收入反映居民的收入水平，居民平均消费水平则反映各个区域的居民生活水平。

2. 数据说明

我们选取全国 31 个省市为研究样本，选取 2001—2011 年的数据为研究对象。保险密度和保险深度资料来源于历年《中国保险年鉴》、中国保险监督管理委员会以及各省市保监局网站；其他资料则来源于历年的《中国统计年鉴》和国家统计数据库（http：//219.235.129.58/welcome.do），GDP 增长速度和第二、三产业占 GDP 比重根据其中数据计算所得。

三、协调度计量分析

（一）协调度等级划分

协调度用量化概念来揭示系统的协调程度，不能直接表现系统状态的性质，缺少定性化的信息量。在〔0，1〕区间内有无数个数字，因此也就代表着无数个协调度或协调状态。根据模糊数学的思想，相近的协调度在隶属关系上可以界定为同一种类型的协调状态，这样就有了协调等级的概念。所谓协调等级，是指把协调度范围划分为若干个连续的区间，每一个区间代表一个协调等级，每一个区间代表一种协调状态，以此形成连续的协调等级阶梯。协调等级概念的提出，实际上是把某个区间段上的全部协调度都界定为一种协调度，也就是说把这个区段上的全部协调状态都界定成一种协调状态，从而使原来复杂的协调度概念变得更为简单，也更为实用。我们在这里将协调度划分成 6 个等级，如表 4-1 所示。

表 4-1　　　　　　　　　　协调度等级划分表

协调度 协调等级名称	1.0000—0.70016 严重失调	0.7000—0.50015 中度失调	0.5000—0.30014 低度失调
协调度 协调等级名称	0.3000—0.20013 低度协调	0.2000—0.10012 中度协调	0.1000—0.00001 高度协调

（二）协调度计量步骤

协调度计量步骤如下：

步骤一，从 2005—2011 年的指标数据中挑选最低值作为上限值，即 U_{ji}；

步骤二，以 2005—2011 年的数据为基础，采用最小二乘估计法，为每个指标建立以时间为变量的一元线性回归方程；

步骤三，做趋势外推，用回归方程预测 2015 年各指标所能达到的数值作为上限值，具体见表 4-2。

表 4 - 2　　　　　　　　　最小二乘法所计算各省市指标上限值

地区	保险深度（%）	保险密度（元/人）	人均GDP（元/人）	城镇居民人均可支配收入（元/人）	农民人均纯收入（元/人）	居民人均消费水平（元/人）	第二、三产业占GDP的比重（%）	GDP的增长速度（%）
北京	7.29	5076.13	81658	24724.89	14735.68	27760.00	99.16	14.5
天津	3.01	1563.14	85213	19422.53	12321.22	20624.29	98.59	17.4
上海	4.5	5420.72	82560	26674.9	16053.79	35438.91	99.35	13.4
重庆	3.93	1071.73	34500	14367.55	6480.41	11831.68	91.56	17.1
河北	3.45	1012.21	33969	13441.09	7119.69	9550.51	88.15	23.8
山西	3.96	1014.95	31357	13119.05	5601.4	9745.60	95.70	15
辽宁	3.59	1085.79	50760	14392.69	8296.54	15635.39	91.38	16.1
吉林	2.57	819.2	38460	12829.45	7509.95	10810.77	87.91	13.8
黑龙江	3.24	829.34	32819	11581.28	7590.68	10633.69	88.10	15.2
江苏	2.84	1519.25	62290	18679.52	10804.95	17166.48	93.76	14.9
浙江	2.9	1556.98	59249	22726.66	13070.69	21346.29	95.10	14.7
安徽	3.55	724.34	25659	12990.35	6232.21	10054.69	86.83	14.5
福建	2.81	1043.11	47377	17961.45	8778.55	14958.34	90.82	15.2
江西	2.68	568.07	26150	12866.44	6891.63	9522.52	88.11	14
山东	2.35	1016.5	47335	16305.41	8342.13	13565.41	91.24	15
河南	3.28	801.36	28661	13231.11	6604.03	9171.39	86.96	14.6
湖北	2.91	872.67	34197	13152.86	6897.92	10872.79	86.91	14.6
湖南	2.8	672.46	29880	13821.16	6567.06	10546.89	85.93	15
广东	3.19	I311.74	50807	19732.86	9371.73	19578.12	94.99	14.9
海南	2.33	612.6	28898	12607.84	6446.01	9237.66	73.87	15.8
四川	4.09	968.27	26133	12633.38	6128.55	9902.56	85.81	15.8
贵州	2.55	380.15	16413	11758.76	4145.35	7388.54	87.26	15.9

续表

地区	保险深度（%）	保险密度（元/人）	人均GDP（元/人）	城镇居民人均可支配收入（元/人）	农民人均纯收入（元/人）	居民人均消费水平（元/人）	第二、三产业占GDP的比重（%）	GDP的增长速度（%）
云南	3	517.54	19265	13250.22	4721.99	8278.14	84.13	14.5
陕西	3.13	925.82	33464	12857.89	5027.87	10053.46	90.40	14.8
甘肃	3.55	572.18	19595	10969.41	3909.37	7492.63	86.48	12.52
青海	1.73	490.97	29522	11640.43	4608.46	8744.30	90.72	15.3
内蒙古	1.82	925.88	57974	14432.55	6641.56	13264.24	90.90	16.4
广西	1.93	457.83	25326	14146.04	5231.33	9180.55	82.53	14.2
宁夏	2.94	865.6	33043	12931.53	5409.95	10491.85	91.24	13.5
新疆	3.63	933.6	30087	11432.1	5442.15	8895.04	83.50	12.7
西藏	1.25	253.1	20077	12481.51	4904.28	4730.25	87.71	12.7

步骤四，将前三步计算的结果代入公式4-1中，计算出功效系数；

步骤五，采用公式4-6和4-7计算各省2001—2005年保险经济协调度。

具体计量结果见表4-3。

表4-3　　　　　　　　2005—2009年各省区域保险与经济协调度

地区	2005年	2006年	2007年	2008年	2009年	均值	最大值	最小值	等级区间
北京	0.6720	0.6331	0.1712	0.6366	0.5120	0.52498	0.6720	0.1712	5—2
天津	0.7045	0.4328	0.1636	0.4276	0.5414	0.45398	0.7045	0.1636	6—2
上海	0.6886	0.4632	0.1832	0.4712	0.6028	0.4818	0.6886	0.1832	5—2
重庆	0.3163	0.3086	0.1106	0.4022	0.4183	0.3112	0.4183	0.1106	4—2
河北	0.9622	0.7406	0.1512	0.4176	0.4851	0.55134	0.9622	0.1512	6—2
山西	0.6262	0.4590	0.1444	0.4301	0.6532	0.46258	0.6532	0.1444	5—2
辽宁	0.5238	0.4791	0.1302	0.3820	0.4337	0.38976	0.5238	0.1302	5—2

地区	2005 年	2006 年	2007 年	2008 年	2009 年	均值	最大值	最小值	等级区间
吉林	0.3900	0.3824	0.1131	0.4211	0.4758	0.35648	0.4758	0.1131	4—2
黑龙江	0.5016	0.4919	0.1293	0.5160	0.6094	0.44964	0.6094	0.1293	5—2
江苏	0.6577	0.5763	0.1476	0.4126	0.4422	0.44728	0.6577	0.1476	5—2
浙江	0.5446	0.5646	0.1582	0.4895	0.6013	0.47164	0.6013	0.1582	5—2
安徽	0.4308	0.3953	0.1012	0.4209	0.4089	0.35142	0.4308	0.1012	4—2
福建	0.3771	0.4801	0.1201	0.3722	0.4515	0.3602	0.4801	0.1201	4—2
江西	0.5419	0.4051	0.1091	0.4213	0.3908	0.37364	0.5419	0.1091	5—2
山东	0.8120	0.6287	0.1327	0.4505	0.5027	0.50532	0.8120	0.1327	6—2
河南	0.6558	0.5230	0.1242	0.4312	0.4839	0.44362	0.6558	0.1242	5—2
湖北	0.5031	0.4196	0.1063	0.4408	0.4541	0.38478	0.5031	0.1063	5—2
湖南	0.3757	0.3332	0.1066	0.4667	0.4079	0.33802	0.4667	0.1066	4—2
广东	0.9030	0.6004	0.1504	0.6913	0.5610	0.58122	0.9030	0.1504	6—2
海南	0.4002	0.4707	0.1539	0.5318	0.4060	0.39252	0.4707	0.1539	4—2
四川	0.5218	0.4774	0.1326	0.5903	0.3895	0.42232	0.5903	0.1326	5—2
贵州	0.4996	0.4161	0.1442	0.4562	0.4238	0.38798	0.4996	0.1442	4—2
云南	0.3573	0.4219	0.1132	0.4439	0.4141	0.35008	0.4439	0.1132	4—2
陕西	0.4638	0.4093	0.1067	0.4412	0.4577	0.37574	0.4638	0.1067	4—2
甘肃	0.6885	0.4872	0.1533	0.4751	0.5100	0.46282	0.6885	0.1533	5—2
青海	0.8132	0.7469	0.2016	0.5456	0.6213	0.58572	0.8132	0.2016	6—2
内蒙古	0.8664	0.6407	0.1272	0.3809	0.4376	0.49056	0.8664	0.1272	6—2
广西	0.6647	0.4736	0.1316	0.4387	0.4212	0.42596	0.6647	0.1316	5—2
宁夏	0.4829	0.4894	0.1211	0.3761	0.4246	0.37882	0.4894	0.1211	4—2
新疆	0.6449	0.5322	0.1512	0.4415	0.5896	0.47188	0.6449	0.1512	5—2
西藏	0.5525	0.8255	0.1550	0.6054	0.4262	0.51292	0.8255	0.1550	6—2

（三）结果分析

1. 省级角度

图4-2、图4-3、图4-4分别是根据协调度测算结果绘制的东、中、西部各省保险经济协调度的趋势线。

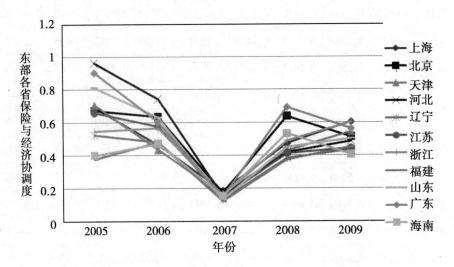

图4-2　2005—2009年东部各省保险与经济协调度

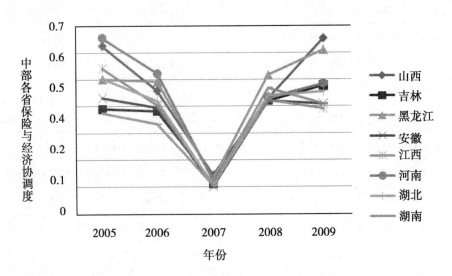

图4-3　2005—2009年中部各省保险与经济协调度

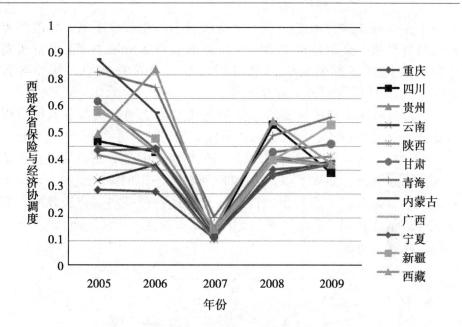

图 4 - 4　2005—2009 年西部各省保险与经济协调度

　　保险经济协调度的横向比较。2005—2009 年间，协调度比较好的省市分别为重庆、吉林、安徽、福建、湖南、海南，都已经步入了低度协调的阶段；而相应协调度比较低的省市分别是河北、山东、广东、青海、内蒙古、西藏，2005 年的山东、广东、青海、内蒙古属于高度失调，2006 年的青海和 2009 年的内蒙古仍然在中度失调的范围内。另外，五年中协调度最高的省市在 2007 年出现于中东部，东部地区多数省份在 2008—2009 年间协调度向好。

　　保险经济协调度的纵向比较。协调度最好的年份当属 2007 年，31 个省市除青海外均达到中度协调，其他年份并没有中度协调的情况，较好的情况也是低度协调。2009 年全国只有北京、安徽、江西、湖南、广东、海南、四川、贵州、云南、广西、西藏等 11 个省区市较 2008 年有所改善，其他省区市协调度都出现了不同程度的下滑。2009 年相对于 2008 年经济增长 8.7%，而保险经济协调度普遍降低，原因可能在于 2008 年金融危机的影响。金融危机之前，随着经济的快速发展，保险业也迅速发展，保险的经济协调度逐步由失调向协调改善。金融危机发生后，危机迅速由金融领域扩散到实体经济，并蔓延到新型工业国和发展中国家，中国作为全球最大的贸易出口国深受影响；

而由于中国资本项目尚未开放，保险市场国际化程度不高，保险海外投资监管严格，金融危机对中国保险业的直接影响较小。金融危机对中国的实体经济影响较大而对保险业的直接影响较小，从而导致2008、2009 年保险经济协调度下降。

综合横向比较和纵向比较，金融危机发生之前，我国各省区市保险业的发展已经渐渐走上与经济协调发展的道路，在 2007 年也出现中度协调。受金融危机的影响，2008、2009 年全国各省区市的保险经济协调度出现下滑，导致了 2005—2009 年各省区市的保险经济协调度均值较大，全国没有一个省份的协调度均值达到低度协调，最好的只有重庆接近低度协调，其余省份都处于低度失调甚至中度失调。

2. 区域级角度

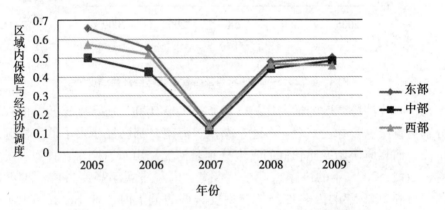

图 4 - 5　2005—2009 年我国区域内保险与经济发展协调度

图 4 - 5 是根据计量结果所做的东、中、西部保险与经济发展协调度趋势线，从中可以看出，2005—2009 年我国中部地区的保险与经济协调度开始超过东部，保险的经济补偿、资金融通和社会管理的基本功能得到了更大的发挥；其次是西部，其保险经济协调度近几年也发展较快；但东部的经济协调度数据不是很好，2008、2009 年两年都出现恶化，相较于中西部而言，由于东部沿海地区对外贸易发达，受金融危机的影响较为严重，相对来讲保险业的直接影响要小一些，这样就出现了东部地区保险业和经济发展的协调度下降的结果。

保险经济协调度优化速度最高的是中部，湖北、山西、吉林三省市都从高度失调区域迈入了低度甚至中度协调，受近几年地质自然灾害的影响以及国家财政政策的支持，中部保险业得到了较快的发展，中部潜藏的保险资源在中部经济的快速发展中得到较大释放。东部的保险经济协调度优化速度近几年被中部赶上，数量和规模的扩张仍是东部保险业发展的主要路径，各保险公司一味追求"量"的发展而忽视了保险"质"的发展。为了摆脱这种局面，继续保持在经济和保险发展中的"发展极"作用，东部应在经济高速发展的基础上，将保险发展重心放在提高保险"质"的发展上，开发出与经济发展相适应的险种，更好地满足经济增长的需要。尽管西部地区近几年的经济协调度发展较快，但其经济发展和保险业的发展相比较中东部而言速度较慢，现阶段西部地区应在实现经济快速发展的基础上大力挖掘保险资源，重经济基础积累，重潜在保源转化，二者并举，共同发展，进而实现保险业与经济发展的高度协调。

第二节　区域间保险业协调度的实证分析

一、距离协调度模型

距离协调度模型可以用来测量系统之间的距离，并通过系统之间距离的大小来判断它们是否协调。具体来说，这种方法测度的是两个系统之间运动轨迹的相似程度。假设系统 A 与 B 在时点 t（r）上的综合发展水平分别为 $f_1^r(x)$ 和 $f_2^r(y)$，x 与 y 分别是系统 A 与 B 的特征向量。系统 A 与 B 协调就意味着 $f_1^r(x)$ 和 $f_2^r(y)$ 的相对离差系数 C 非常小，即

$$C = \frac{s}{\frac{1}{2}[f_1^r(x) + f_2^r(y)]} = \sqrt{1 - \frac{f_1^r(x) \cdot f_2^r(y)}{\left[\frac{f_1^r(x) + f_2^r(y)}{2}\right]^2}}$$

（公式 4 – 8）

越小越好（s 为标准差），而使 C 越小越好的充要条件是

$$\frac{f_1^r(x) \cdot f_2^r(y)}{\left[\frac{f_1^r(x) + f_2^r(y)}{2}\right]^2}$$

越大越好，于是可得到两系统协调度模型：

$$CD = \left\{ \frac{f_1^{\,r}(x) \cdot f_2^{\,r}(y)}{\left[\dfrac{f_1^{\,r}(x) + f_2^{\,r}(y)}{2}\right]^2} \right\}^k \qquad (\text{公式 } 4-9)$$

其中 CD 为协调度，k 为调节系数。显然 $0 \leqslant CD \leqslant 1$，且当 $f_1^{\,r}(x)$ $= f_2^{\,r}(y)$ 时，$CD = 1$ 协调度最好。将（2）式扩展到三个系统，可得三系统之间的协调度模型：

$$CD = \left\{ \frac{f_1^{\,r}(x) \cdot f_2^{\,r}(y) \cdot f_3^{\,r}(z)}{\left[\dfrac{f_1^{\,r}(x) + f^2 r_{(}y) + \cdot f_3^{\,r}(z)}{3}\right]^3} \right\}^k \qquad (\text{公式 } 4-10)$$

二、区域保险综合发展水平评估

用距离协调度模型来测算区域间保险发展协调度，首先要计算出各个区域的保险发展水平。根据 2006—2012 年《中国保险年鉴》，我们可得到 2005—2011 年各省、自治区、直辖市保险发展基本情况，2009 年数据如表 4-4 所示。在此基础上，我们使用 SPSS16.0 软件，运用主成分分析法对 2005—2011 年保险发展水平做综合评估。下面是以 2009 年为例的计算过程。各变量定义如表 4-5 所示。

表 4-5　　　　　　　　　　　　　变量表

X_1	X_2	X_3	X_4	X_5	X_6	X_7	X_8	X_9	X_{10}	X_{11}	X_{12}
总保费收入	总保费收入同比增长	财险保费收入	财险保费收入同比增长	人身险保费收入	人身险保费收入同比增长	总保险密度	财产保险密度	人身险保险密度	总保险深度	财产保险深度	人身险保险深度

表 4-6 是各变量的相关系数矩阵，对各变量的相关性进行分析可知，各变量存在较强的相关关系，可以进行主成分分析。

表4-4

2009年各省市保险业务情况

	全部业务		财产保险业务		人身保险业务		保险密度			保险深度（%）		
	保费收入（百万元）X_1	同比增长（%）X_2	保费收入（百万元）X_3	同比增长（%）X_4	保费收入（百万元）X_5	同比增长（%）X_6	全部业务 X_7	财产保险 X_8	人身保险 X_9	全部业务 X_{10}	财产保险 X_{11}	人身保险 X_{12}
北京	69759.52	19.05	16441.97	22.6	53317.55	19.3	4044.03	953.16	3090.87	5.88	1.39	4.49
天津	15128.73	-13.86	4579.59	9.51	10549.14	-21.16	1231.82	372.88	858.94	2.02	0.61	1.41
上海	67298.09	11.41	15836.75	16.85	51461.34	9.84	4878.83	1148.1	3730.73	4.52	1.06	3.45
重庆	24470.44	22.02	5116.7	24.09	19353.74	21.48	855.91	178.97	676.94	3.75	0.78	2.97
河北	60157.87	25.18	12935.3	25.41	47222.57	25.11	855.2	183.89	671.31	3.36	0.72	2.64
山西	28924.91	10.7	6713.34	7.71	22211.57	11.87	869.27	186.82	673.4	3.96	0.85	3.07
辽宁	35627.11	9	8680.99	30.6	26946.12	3.49	953.72	232.39	721.33	2.7	0.66	2.05
吉林	18486.69	16.33	4045.86	25.55	14440.83	13.98	674.81	147.68	527.12	2.57	0.56	2
黑龙江	27836.4	10.82	5671.97	18.29	22164.43	9.05	727.56	148.25	579.31	3.24	0.66	2.58
江苏	90773.01	17.05	22840.45	26.25	67932.56	14.26	1175.13	295.69	879.44	2.66	0.67	1.99
浙江	53285.47	8.92	19633.67	20.45	33651.8	3.16	1200.93	442.5	758.43	2.87	1.06	1.81
安徽	35707.51	20.5	8713.25	37	26994.26	15.9	525.54	128.24	397.3	3.55	0.87	2.68
福建	27225.8	11.67	7266.91	17.85	19958.89	9.58	806.69	215.32	591.37	2.64	0.7	1.94
江西	18713.51	9.21	4412.98	31.9	14300.53	3.7	422.22	99.57	322.65	2.47	0.59	1.88

续表

	全部业务		财产保险业务		人身保险业务		保险密度			保险深度（%）		
	保费收入（百万元）	同比增长（%）	保费收入（百万元）	同比增长（%）	保费收入（百万元）	同比增长（%）	全部业务	财产保险	人身保险	全部业务	财产保险	人身保险
山东	67751.74	18.6	17354.8	22.87	50396.94	17.2	785.96	201.33	584.63	2.34	0.58	1.76
河南	56525.91	8.95	9773.95	25.53	46751.96	6.03	595.82	103.2	492.62	2.92	0.52	2.4
湖北	37347.59	16.8	6899.85	18.65	30447.74	16.39	652.93	120.63	532.3	2.91	0.54	2.37
湖南	34845.51	11.51	7498.24	21.67	27347.27	8.17	504.99	108.67	396.32	2.7	0.58	2.12
广东	95933.72	8.44	23933.1	14.87	72000.62	6.46	1096.79	273.62	823.17	3.11	0.78	2.33
海南	3306.87	9.99	1185	12.93	2121.87	8.4	382.7	137.41	245.29	2.01	0.72	1.29
四川	57902.82	17.24	14871.86	35.94	43030.96	11.92	707.43	181.7	525.73	4.09	1.05	3.04
贵州	9525.61	19.19	3605.04	26.12	5920.57	15.33	250.81	94.92	155.89	2.45	0.93	1.52
云南	18049.37	9.31	6802.77	24.58	11246.6	1.77	394.87	148.82	246.05	2.93	1.1	1.83
陕西	25585.4	19.41	6047.93	26.57	19537.47	17.35	678.32	160.34	517.98	3.13	0.74	2.39
甘肃	11438.42	17.38	2705.38	19.63	8733.04	16.7	434.02	102.65	331.37	3.38	0.8	2.58
青海	1820.83	29.08	796.24	26.87	1024.59	30.86	326.73	142.88	183.85	1.69	0.74	0.95
内蒙古	17131.04	21.2	6734.05	25.65	10396.99	18.48	707.29	278.03	429.26	1.76	0.69	1.07
广西	14861.57	11.3	4971.41	24.12	9890.16	5.8	306.05	102.38	203.67	1.93	0.65	1.28
宁夏	3927.81	23.55	1184.16	24.88	2743.65	22.98	628.25	189.4	438.85	2.94	0.89	2.05
新疆	15690.88	2.7	5181.9	17.04	10508.98	-3.15	698.27	230.6	467.67	3.19	1.05	2.14
西藏	400.69	23.25	342.88	19.72	57.81	49.41	696.11	609.11	87	4.6	4.08	0.52

表 4 - 6　相关系数矩阵

Correration		X_1	X_2	X_3	X_4	X_5	X_6	X_7	X_8	X_9	X_{10}	X_{11}	X_{12}
	X_1	1	-0.033	0.963	0.056	0.996	-0.11	0.486	0.353	0.515	0.335	-0.181	0.525
	X_2	-0.033	1	-0.073	0.495	-0.02	0.9	-0.078	-0.048	-0.085	0.188	0.221	0.041
	X_3	0.963	-0.073	1	0.048	0.935	-0.161	0.462	0.374	0.477	0.267	-0.144	0.419
	X_4	0.056	0.495	0.048	1	0.058	0.257	-0.203	-0.239	-0.185	-0.028	-0.071	0.028
	X_5	0.996	-0.02	0.935	0.058	1	-0.091	0.486	0.34	0.519	0.352	-0.189	0.551
	X_6	-0.11	0.9	-0.161	0.257	-0.091	1	-0.034	0.11	-0.079	0.32	0.564	-0.08
	X_7	0.486	-0.078	0.462	-0.203	0.486	-0.034	1	0.932	0.993	0.626	0.128	0.612
	X_8	0.353	-0.048	0.374	-0.239	0.34	0.11	0.932	1	0.884	0.634	0.439	0.376
	X_9	0.515	-0.085	0.477	-0.185	0.519	-0.079	0.993	0.884	1	0.606	0.026	0.669
	X_{10}	0.335	0.188	0.267	-0.028	0.352	0.32	0.626	0.634	0.606	1	0.51	0.735
	X_{11}	-0.181	0.221	-0.144	-0.071	-0.189	0.564	0.128	0.439	0.026	0.51	1	-0.208
	X_{12}	0.525	0.041	0.419	0.028	0.551	-0.08	0.612	0.376	0.669	0.735	-0.208	1

表 4 - 7 完全变量解释

成分	初始特征值			提取平方和载入			旋转平方和载入合计		
	合计	方差的%	累积%	合计	方差的%	累积%	合计	方差的%	累积%
1	5.146	42.885	42.885	5.146	42.885	42.885	3.753	31.278	31.278
2	2.614	21.781	64.666	2.614	21.781	64.666	3.598	29.98	61.258
3	1.975	16.46	81.126	1.975	16.46	81.126	2.384	19.867	81.126
4	0.979	8.161	89.287	—	—	—	—	—	—
5	0.65	5.419	94.705	—	—	—	—	—	—
6	0.563	4.69	99.395	—	—	—	—	—	—
7	0.065	0.546	99.941	—	—	—	—	—	—
8	0.005	0.044	99.985	—	—	—	—	—	—
9	0.002	0.015	100	—	—	—	—	—	—
10	1.99E - 05	0	100	—	—	—	—	—	—
11	1.92E - 07	1.60E - 06	100	—	—	—	—	—	—
12	- 2.11E - 16	- 1.76E - 15	100	—	—	—	—	—	—

从表 4 - 7 可知，变量相关矩阵有三个最大的特征值，即 5.146、2.614、1.975，这三个因子可以解释总方差的 81.126%，这说明前三个主成分提供了原始数据的足够信息。根据主成分分析的内定规则，因子过程提取了三个主成分。从图 4 - 6 也可看出，前三个特征值间变化很大，其余变化则很小，所以取前三个因子是可行的。

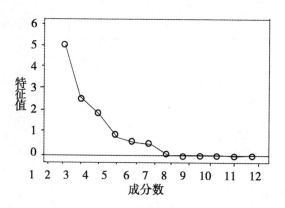

图 4 - 6 特征值碎石图

表 4 - 8 　　　　　　　　　　　旋转后的因子载荷矩阵

	成分		
	1	2	3
X_1	0.212	0.938	0.002
X_2	-0.006	0.003	0.937
X_3	0.192	0.897	-0.039
X_4	-0.344	0.247	0.613
X_5	0.215	0.936	0.016
X_6	0.206	-0.212	0.905
X_7	0.866	0.373	-0.143
X_8	0.932	0.154	-0.053
X_9	0.82	0.432	-0.167
X_{10}	0.803	0.2	0.292
X_{11}	0.542	-0.45	0.414
X_{12}	0.485	0.583	0.008

　　表 4 - 8 是根据表 4 - 7 所提取的三个主成分的因子矩阵，它反映了所提取的三个主成分相较于各个原始变量的影响程度。我们从三个主成分在各个变量上的负荷值可以看出，第一主成分主要是由 X_7、X_8、X_9、X_{10} 所决定的，这说明第一主成分 Fac_ 1 主要反映保险发展的相对强度；第二主成分由 X_1、X_3、X_5 决定，反映了保费收入的总体规模；第三主成分由 X_2、X_4、X_6 决定，揭示了保费收入的增长速度。

表 4 - 9 　　　　　　　　　　　成分得分系数矩阵

	成分		
	1	2	3
X_1	-0.057	0.287	0.042
X_2	-0.033	0.049	0.401
X_3	-0.056	0.274	0.022
X_4	-0.163	0.16	0.286
X_5	-0.056	0.287	0.047
X_6	0.064	-0.053	0.37

	成分		
	1	2	3
X_7	0.232	0.003	-0.071
X_8	0.279	-0.075	-0.046
X_9	0.21	0.028	-0.077
X_{10}	0.22	-0.024	0.109
X_{11}	0.219	-0.202	0.136
X_{12}	0.077	0.132	0.017

表 4 - 9 是成分得分的系数矩阵, 据此我们可以写出各个主成分的表达式:

$$Fac\_1 = -0.057X_1 - 0.033X_2 - 0.056X_3 - 0.163X_4 - 0.056X_5 + 0.064X_6 + 0.232X_7 + 0.279X_8 + 0.21X_9 + 0.22X_{10} + 0.219X_{11} + 0.077X_{12}$$

$$Fac\_2 = 0.0287X_1 + 0.049X_2 + 0.274X_3 + 0.16X_4 + 0.287X_5 - 0.053X_6 + 0.003X_7 - 0.075X_8 + 0.028X_9 - 0.024X_{10} - 0.202X_{11} + 0.132X_{12}$$

$$Fac\_3 = 0.042X_1 + 0.401X_2 + 0.022X_3 + 0.286X_4 + 0.047X_5 + 0.37X_6 - 0.071X_7 \_0.046X_8 - 0.077X_9 + 0.109X_{10} + 0.136X_{11} + 0.017X_{12}$$

另外根据完全变量解释表中 3 个主成分的方差贡献度, 我们可以写出区域保险发展水平总体指数表达式:

$$Fac\_ = (0.31278Fac\_1 + 0.2998Fac\_2 + 0.19867Fac\_3) / 0.81125$$

根据上面 4 个表达式, 以及原始变量标准化后的数值, 我们可以计算出各省市这 3 个主成分因子得分及总得分, 如表 4 - 10 所示。

表 4 - 10　　　　　　　2009 年各省市保险发展水平因子得分

地区	fac1	fac2	fac3	fac_
北京	3.08935	1.17805	0.49196	1
天津	0.20705	-0.95513	-3.36785	8.03E-07
上海	3.27777	0.89135	-0.86262	0.871686
重庆	0.15224	-0.11284	0.78137	0.459166
河北	-0.24337	1.0278	1.19257	0.58912

续表

地区	fac1	fac2	fac3	fac_
山西	0.61232	− 0.38698	− 0.72729	0.356038
辽宁	− 0.41808	0.32946	− 0.29717	0.346484
吉林	− 0.44324	− 0.31733	0.1243	0.295366
黑龙江	− 0.04415	− 0.16992	− 0.47208	0.317234
江苏	− 0.49084	2.01006	0.44165	0.618538
浙江	0.14455	0.6113	− 0.62459	0.431162
安徽	− 0.5248	0.53389	1.18502	0.486169
福建	− 0.13522	− 0.2717	− 0.52954	0.286724
江西	− 0.82553	− 0.16651	− 0.23858	0.23188
山东	− 0.66456	1.19847	0.38136	0.484376
河南	− 0.64999	0.88898	− 0.27618	0.389544
湖北	− 0.29828	0.13921	0.05578	0.36839
湖南	− 0.53367	0.1186	− 0.34023	0.299721
广东	− 0.13004	1.89577	− 0.59791	0.563101
海南	− 0.35339	− 1.26568	− 0.96802	0.09029
四川	− 0.28543	1.22375	1.02278	0.594258
贵州	− 0.62425	− 0.72863	0.43159	0.243828
云南	− 0.35337	− 0.48588	− 0.44305	0.236782
陕西	− 0.25998	− 0.06363	0.5707	0.391557
甘肃	− 0.06997	− 0.67976	0.18597	0.304153
青海	− 0.76953	− 1.02312	1.24742	0.256113
内蒙古	− 0.56128	− 0.48311	0.40352	0.28184
广西	− 0.8424	− 0.54294	− 0.46226	0.161439
宁夏	− 0.09431	− 0.90722	0.79801	0.323993
新疆	0.15678	− 0.74663	− 1.29456	0.198743
西藏	1.97563	− 2.73966	2.18792	0.486134

其中，综合因子得分是根据区域保险综合发展水平得分进行归一化得

到的结果。

根据表中各省市因子得分，我们将其按东、中、西部分别进行统计计算，得到东、中、西部的各因子得分如下：

表 4 - 11   **2009 年东、中、西部保险发展水平因子得分**

年份	地区	得分
	东部	0.480135
2009	中部	0.343039
	西部	0.328168

同样道理，我们对 2005—2011 年的全国各省市保险发展水平作综合评估，各年的因子得分情况如表 4 - 12 至表 4 - 14 所示。

表 4 - 12   **2008 年各省市因子得分表**

地区	fac1	fac2	fac3
北京	3.51915	0.26637	- 0.7215
天津	0.4089	- 0.53487	- 1.55678
上海	2.83328	1.04136	- 1.3996
重庆	0.55837	- 0.41644	1.59533
河北	- 0.30457	0.78435	0.33563
山西	0.67185	- 0.41359	0.50632
辽宁	- 0.4185	0.47539	0.03571
吉林	- 0.79526	- 0.00539	- 0.57
黑龙江	0.10621	- 0.47991	1.60084
江苏	- 0.86009	2.34648	- 0.74651
浙江	0.06027	0.93264	- 0.76422
安徽	0.07604	- 0.1268	0.71256
福建	- 0.26235	- 0.09655	- 0.44795
江西	- 0.52086	- 0.30781	0.58258
山东	- 0.36036	1.26007	- 0.44262
河南	- 0.77139	1.12026	1.1453

续表

地区	fac1	fac2	fac3
湖北	− 0.47025	0.28217	1.4741
湖南	− 0.16611	− 0.16288	1.16918
广东	− 0.59251	2.78955	− 0.13063
海南	− 0.6116	− 0.88656	− 0.67751
四川	0.31413	0.6961	0.81787
贵州	− 0.19576	− 1.0927	− 0.25342
云南	− 0.0722	− 0.47291	0.5566
陕西	− 0.07153	− 0.21915	0.89812
甘肃	0.02895	− 0.90249	0.14366
青海	− 0.90614	− 1.02827	− 0.87372
内蒙古	− 0.16787	− 0.98935	0.15563
广西	− 0.99742	− 0.34639	− 0.69306
宁夏	0.34752	− 1.41148	− 0.2795
新疆	0.98752	− 1.11938	0.64663
西藏	− 1.36741	− 0.98182	− 2.81903

Fac_ ＝ （0.36459fac1 + 0.27653fac2 + 0.21458fac3）/0.8557

表 4 − 13　　　　　　　　　**2007 年各省市因子得分表**

地区	fac1	fac2	fac3
北京	3.65108	0.66867	− 0.88772
天津	0.97383	− 0.47144	1.97084
上海	2.849	0.89138	0.87711
重庆	0.31408	− 0.72555	1.02959
河北	− 0.49487	0.89218	0.60099
山西	0.45667	− 0.31332	0.18911
辽宁	0.56304	− 0.41897	− 1.20115
吉林	− 0.30568	− 0.61889	0.86323
黑龙江	− 0.32066	− 0.13169	− 2.74034

地区	fac1	fac2	fac3
江苏	− 0.7082	2.44686	− 1.28878
浙江	0.00771	1.11206	− 0.69955
安徽	− 0.13909	− 0.00279	− 0.31754
福建	− 0.11794	− 0.07785	− 0.21044
江西	− 0.47651	− 0.38023	− 0.82632
山东	− 0.96884	1.57401	0.15053
河南	− 0.83818	0.89827	0.44299
湖北	− 0.40955	0.2053	0.20088
湖南	− 0.6293	0.12282	1.33404
广东	− 0.59844	2.71955	0.46484
海南	− 0.34097	− 1.07852	0.27198
四川	− 0.022	0.59509	1.56828
贵州	− 0.26084	− 0.88123	− 0.69411
云南	− 0.0518	− 0.67368	− 1.00822
陕西	− 0.03057	− 0.44893	− 0.53017
甘肃	0.02671	− 0.76562	− 0.24494
青海	− 0.65216	− 0.98548	− 1.05074
内蒙古	− 0.65696	− 0.65131	1.52051
广西	− 0.7289	− 0.37439	− 0.09769

Fac_ = （0.36067fac1 + 0.2712fac2 + 0.16988 fac3）/0.80175

表 4 – 14 　　　　　　　　 2006 年各省市因子得分表

地区	fac1	fac2	fac3
北京	2.78884	0.65143	− 3.94589
天津	0.35335	− 0.36366	− 0.1884
上海	3.51631	1.01205	1.57648
重庆	0.63708	− 0.83407	1.7461
河北	− 0.2188	0.43546	0.23781

地区	fac1	fac2	fac3
山西	0.53929	−0.53409	0.04129
辽宁	−0.07857	0.09956	−0.39967
吉林	−0.73665	−0.01486	−0.12465
黑龙江	−0.83673	0.53571	−1.06501
江苏	−0.60161	2.74041	0.05939
浙江	0.34774	0.90587	0.34074
安徽	−0.05303	0.15009	0.79577
福建	−0.36519	0.15728	−0.24592
江西	−0.75625	−0.35703	−1.20852
山东	−0.6504	0.54005	−0.24492
河南	−1.30905	1.42937	−0.26231
湖北	−0.08631	−0.58409	−0.29088
湖南	−0.31975	−0.42016	0.14685
广东	−0.08231	2.28855	0.99854
海南	−0.56894	−0.8702	−0.02584
四川	−0.03494	0.83401	1.27661
贵州	0.01968	−1.00529	0.64622
云南	0.52474	−1.188	0.40957
陕西	−0.03164	−0.24969	0.1883
甘肃	0.20068	−1.07283	0.25721
青海	−0.53068	−1.43709	−0.65568
内蒙古	−0.96855	−0.17613	−0.15702
广西	−0.58429	−0.85209	−0.76
宁夏	0.40873	−1.11212	0.65084
新疆	0.68434	−1.04641	0.41199
西藏	−1.2071	0.33794	−0.20898

$$Fac\_ = (0.36051fac1 + 0.25205fac2 + 0.18029\ fac3) /0.7928$$

2005 年各省市因子得分表

地区	fac1	fac2	fac3
北京	2.21803	4.26501	1.57161
天津	1.00985	− 0.3997	− 0.50113
上海	3.89533	− 2.08126	1.13752
重庆	0.38846	− 0.5388	− 0.67966
河北	− 0.86848	0.18604	0.63078
山西	0.18516	0.67658	− 0.56887
辽宁	− 0.00473	− 0.19024	0.13771
吉林	− 0.4852	− 0.29849	− 0.32741
黑龙江	− 0.40743	− 0.29123	0.1885
江苏	− 1.04892	− 0.32373	2.42515
浙江	0.85616	− 1.31926	0.91376
安徽	− 0.19239	− 0.20958	− 0.11327
福建	− 0.2909	0.13716	− 0.18382
江西	− 0.496	− 0.0003	− 0.28962
山东	− 0.80172	− 0.61696	1.46718
河南	− 1.41093	0.29701	0.76164
湖北	0.08008	− 0.98843	0.08151
湖南	− 0.52072	− 0.38328	0.06582
广东	− 0.92725	− 0.26457	2.36789
海南	− 0.07108	− 0.23722	− 1.14032
四川	− 0.70156	0.91406	0.16622
贵州	− 0.08908	0.58322	− 1.01021
云南	0.32562	0.04194	− 0.91583
陕西	− 0.24758	0.79261	− 0.60022
甘肃	− 0.29512	0.13403	− 0.05018
青海	0.05146	− 0.27547	− 1.26935
内蒙古	− 0.19797	− 0.64402	− 0.42298

地区	fac1	fac2	fac3
广西	− 0. 40306	− 0. 01774	− 0. 55109
宁夏	0. 43503	0. 438	− 1. 43624
新疆	0. 46632	0. 267	− 1. 01446
西藏	− 0. 45138	0. 34758	− 0. 84063

Fac_ ＝ （0. 29876fac1 ＋ 0. 28452fac2 ＋ 0. 28161 fac3） /086489

根据以上因子得分及综合得分表达式，可以计算出 2005—2009 年各区域保险发展综合水平，如表 4 – 15 所示。

表 4 – 15　　　　2005—2009 年我国东、中、西部保险发展水平因子得分

年份	地区	得分
2005	东部	0. 267374
	中部	0. 091083
	西部	0. 090755
2006	东部	0. 387792
	中部	0. 191029
	西部	0. 21727
2007	东部	0. 481101
	中部	0. 231557
	西部	0. 187668
2008	东部	0. 609872
	中部	0. 56817
	西部	0. 44059
2009	东部	0. 480135
	中部	0. 343039
	西部	0. 328168

三、协调度计量分析

根据表 4 – 12 的计算结果，运用协调度公式 4 – 9 和公式 4 – 10 进行计

算，令 $k=5$，可得出各区域之间保险发展协调度以及整体协调度，如表4－16和图4－7所示。

表4－16　　　　　　　　2005—2009年各区域间保险发展协调度

年份	东中部协调度	中西部协调度	东西部协调度	整体协调度
2005	0.250445	0.999984	0.24823	0.123647
2006	0.54119	0.979517	0.661143	0.4741
2007	0.519946	0.946387	0.343296	0.276848
2008	0.99375	0.922542	0.26508	0.867671
2009	0.868796	0.997548	0.835532	0.799409

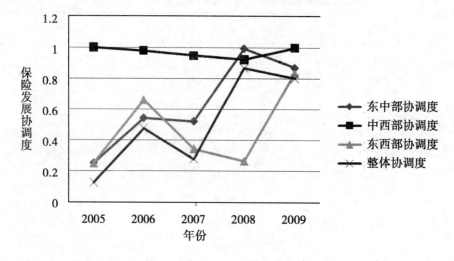

图4－7　2005—2009年区域间保险发展协调度

根据图表，我们可以得出以下几个结论：

第一，从2005年到2009年只有中西部协调度在整体上保持了一种稳态，东中部和东西部协调度则波动较大，其中东中部协调度在2006年和2008年分别上升了近0.4，但2009年又下降了近0.2；而东西部协调度则经历了2006年的陡然上升、2007年和2008年的下降以及2009年的大幅度提升。这说明我国各区域保险市场很有潜力，但缺乏稳健的发展态势。

第二，在东中、中西、东西部两两区域的比较中，中西部的协调度是最高的，每年都保持在0.9以上，这与中西部各省的经济发展水平接近、保险起步时间大致相同以及对外开放程度接近等有关，说明中西部地区保险发展水平接近。东中部地区保险发展协调度从整体上来看，虽然从 0.25 提升到 0.86，但不稳定。东西部地区保险发展协调度在 2009 年达到最好，与之前几年相比，虽然悬殊太大，但还是处于上升的趋势。这说明我国实行的中部崛起和西部大开发已逐步见效，还需继续努力。

第三，2005—2009 年的五年内，整体协调度和东中部协调度有相同的趋势，这说明保险市场较发达的东部地区和中部地区对全国保险市场的影响较为显著，西部地区的经济发展水平虽然在逐步提高，但与东部地区和中部地区相比还是有差距，应该继续实施向西部地区倾斜的政策，提高其经济影响力。

第五章 我国保险业区域发展存在的问题及原因分析

本章指出我国保险业区域发展中存在的不平衡性、保险与经济协调度较低等问题，分析影响我国保险业区域发展影响因素，并剖析出现这些问题的深层次原因，为提出保险业区域发展的思路提供进一步的基础。

第一节 我国保险业区域发展存在的问题

一、我国保险业区域发展不平衡

关于我国保险业区域发展的差异性和不平衡性，在第三章已经进行了充分的分析，这里再简要加以总结。

（一）保险业务水平不平衡

保险业务水平不平衡主要体现在保费收入、保险密度和保险深度的区域差异上。从保险业发展现状分析得知，我国保险业整体近来发展迅猛，保费收入首次突破 1 万亿元，达到 11137.3 亿元，同比增长 13.8%。东部地区保险发展水平明显高于中部、西部地区。

保险业务水平呈东中西梯度分布，且差异性有扩大的趋势。如前文所述，基于省级行政区域以及东、中、西三大区划的保险业区域发展布局表明我国保险业存在明显的东中西梯度分布特征，且差异性有扩大的趋势。近年来对我国区域保险是否存在东中西差异性仍存在一定的争论，本书在以单一指标分析的基础上，选用保费收入、保险密度、保险深度和保险业绩指数进行层次聚类分析后发现，我国保险业与经济发展的区域梯度性相一致，东部地区有明显的先发优势，中西部地区差异不大。对2001—2009年各省（自治区、直辖市）保险业发展的规模、深度、密度、速度等几个方面按照三大区进行加总比较，结果发现存在明显的绝对值扩大趋势，与目前国家强调的构建社会主义和谐社会、缩小地区间经济差距和统筹区域保险相矛盾，值得关注。保险业务水平差异如表 5-1 所示。

表 5 - 1　　　　　　　　2011 年省级行政区域保险业区域发展原始指标

地区	保费收入 （亿元）	保险密度 （元/人）	保险深度 （%）	保险业绩指数
北京	820.9123	4124.67	5.13	1.71
天津	211.7432	1563.14	1.89	0.63
上海	769.3953	5420.72	4.01	1.34
重庆	312.8379	1071.73	3.12	0.75
河北	732.8887	1012.21	3.02	1.01
山西	364.6683	1014.95	3.28	0.68
辽宁	377.6307	1016.41	2.04	0.82
吉林	223.3582	819.2	2.12	0.99
黑龙江	317.7397	829.34	2.3	0.71
江苏	1200.023	1519.25	2.47	0.95
浙江	730.6588	1556.98	2.86	0.79
安徽	432.2905	724.34	2.86	0.71
福建	350.3804	1043.11	2.36	0.77
江西	252.2341	561.96	2.18	0.73
山东	890.2274	1016.5	2.26	0.95
河南	839.8183	800.67	3.08	1.09
湖北	501.8171	872.67	2.5	1.03
湖南	443.5309	672.46	2.26	0.83
广东	1222.83	1292.87	2.97	0.75
海南	53.7483	612.6	2.14	1.04
四川	779.455	968.27	3.71	0.77
贵州	131.8728	380.15	2.31	0.91
云南	239.6718	517.54	2.74	0.92
陕西	343.7208	925.82	2.75	1.18
甘肃	140.927	572.18	3.55	0.57

地区	保费收入 （亿元）	保险密度 （元/人）	保险深度 （%）	保险业绩指数
青海	27.8956	490.97	1.71	0.54
内蒙古	229.7778	925.88	1.61	0.61
广西	212.6634	457.83	1.82	0.90
宁夏	55.3508	865.6	2.69	1.03
新疆	203.615	933.6	3.1	0.42
西藏	7.5988	253.1	1.25	1.71

（二）市场主体区域布局不平衡

保险供给主体在地区分布上明显集中于东部及沿海发达地区（详见表3－3）。到2009年年底，我国保险市场的供给主体在数量上已经形成一定规模，但在地区分布上明显集中于东部发达地区。国内保险公司总部或外资、合资保险机构设立于上海的共41家，设于北京的有49家，广东12家，天津4家，重庆3家，东北6家（辽宁3家、吉林2家、黑龙江1家），浙江、四川、陕西各2家，而江苏、福建、安徽、湖北、新疆和山东仅各有1家。在全国市场上，中国人寿和中国人保的市场份额虽有所下降，但相对于其他保险公司而言，仍然占据着近50%的市场份额，具有明显的市场优势。多数的区域性保险公司与外资、合资保险机构在全国保险市场的份额还处于较低的水平。

（三）保险市场产品结构不平衡

从近几年的情况来看，在所有地区的财产保险产品中，机动车辆险占据绝大部分市场份额（如图5－1所示）。大部分地区该险种占比都在60%左右，即便该险种份额最小的上海、海南也达到40%以上。企业财产险是另一个市场份额比较大的险种。同这两个险种相比，大多数地区责任保险和保证保险的市场份额都很低。农业保险的情况比较特殊，作为农业大国，我国许多地区的农业保险并未充分开展。以2004年为例，大部分地区农业保险比例不足1%，新疆农业保险市场份额最高，也仅15.5%。农业保险的市场占比状况不尽合理。

保费收入（亿元）

	机动车辆	企业财产	农业保险	货运险	信用保险	责任保险	其他
2008	1702.5	209.63	110.68	70.97	36.73	80.75	134.41
2009	2155.6	221.43	133.93	61.27	70.25	92.21	141.13

图 5－1　财产保险保费结构图

在寿险市场上，新型寿险产品所占市场份额较大。近几年来，由于利率的持续大幅下调，传统险种出现了经营困难和利差损的问题，而保险等新型寿险产品如分红保险、投资连接险所占市场份额较大。其中，分红保险作为一种"大众化"的保险产品，购买者的收入不高，较为注重投资的保值增值，绝大多数地区该险种市场份额都在 50% 以上。投连险种的购买者收入更高，更为注重寿险产品的投资理财功能，有较强的风险投资性。投资连接保险在上海、北京等经济发达、消费者收入较高、投资理念比较成熟的地区，市场份额相对较高。[①] 其余的传统保障型寿险产品，在中西部经济相对欠发达、消费者收入低、投资理念不成熟的地区，市场份额平均在 40%—50% 之间，差别不大。

二、我国保险业区域发展不协调

（一）保险业区域内发展不协调

1. 基于保险与经济协调度的分析

从表 4－3 关于 2005—2009 年各省区域保险与经济协调度数据可以看出，保险区域内发展协调度还存在很大问题。横向比较，虽然有些省份进入低度协调的范围，但是有些省份某些年份却是高度失调，如 2005 年的

---

① 黄薇：《保险业发展的地区差异值得重视》，《财经科学》2006 年第 3 期。

山东、广东、青海、内蒙古属于高度失调。2006 年的青海和 2009 年的内蒙古也是在中度失调的范围内。五年中协调度最高的省市都在中东部，从中也可以看出西部地区与东、中部地区发展仍然存在很大差距。

纵向比较，协调度最好的年份当属 2007 年，31 个省区市除青海外均达到中度协调，其他年份并没有中度协调的情况，较好的情况也只是低度协调。2009 年，全国只有北京、安徽、江西、湖南、广东、海南、四川、贵州、云南、广西、西藏等 11 个省区市较 2008 年有所改善，其他省区市都出现了不同程度的恶化。2009 年相对于 2008 年经济增长 8.7%，而保险经济协调度普遍降低，应该很大程度上是因为保险没有跟上经济发展的步伐。

从总体来看，近些年我国各省区市保险业的发展已经渐渐走上与经济相协调发展的道路，但是从 2005—2009 年均值来看，全国没有一个省份迈入低度协调，最好的也只有重庆接近低度协调，其余省份都处于低度失调阶段甚至中度失调，这也同时给我们警示，我国各省区市保险经济发展协调程度仍然处于很低的水平，在今后的发展阶段中，应引起足够的重视。

2. 基于保险区域趋同性的分析

保险区域间不协调还有一类特殊的表现，那就是区域间的保险趋同性严重，也就是说，在经济、社会存在巨大差异的背景下，市场结构、经营、监管却忽视了这种差异，没有实现差异化，这也是一种不协调的表现。

（1）区域内保险市场结构趋同。根据 2009 年人身保险市场和财产保险市场集中度 CR_4 结果显示，东部地区人身保险市场和财产保险市场集中度 CR_4 分别为 60.57 和 64.17，中部地区人身保险市场和财产保险市场集中度 CR_4 分别为 62.38 和 61.47，均属于寡占 III 型市场，西部地区人身保险市场和财产保险市场集中度 CR_4 分别为 65.5 和 65.09，属于寡占 II 型市场，保险市场结构具有趋同性。在寿险市场上，中国人寿在三个地区均占据着保费收入的主导优势；在非寿险市场上，中国人保市场份额在三个地区都较高，特别是在西部经济不发达的省区市，占绝对优势。

（2）区域内保险经营趋同。从保险公司组织结构来看，东、中、西部地区的保险公司基本是以股份制形式为主，总体而言各区域保险经营主体组织结构单一，东、中、西部保险公司组织形式及其结构模式没有多大差别。从保险产品结构看，东、中、西部地区均呈现出一种寿险业务比例过高的产、寿业务结构不协调状态，产寿险结构呈现出一定的共性，具有相似性。在保险经营管理、保险营销模式、保险服务形式上没有多大差别。

（3）区域内保险监管趋同。由于我国保险法律法规由国家统一制定，保险业经营由中国保监会统一监管，东、中、西部保险监管模式基本相同，因此保险法律制度和保险监管具有同质性，三大区域保险没有本质差异性。

（二）保险区域间发展不协调

1. 我国保险业发展区域间摩擦加剧

通常情况下，保险公司总公司在制定发展战略的时候，没有明确规定总公司和地方分公司的权利和义务，也没有建立约束双方权力与利益的有效机制，更没有建立起宏观协调机制。在这种状况下，总公司与地方分公司仍然根据各自的分工行使权力，地方分公司更为关注本地区的保险业发展环境，不断地提升保费规模，扩大保险市场份额，增加保险职工的收入水平。然而，这种追求地方利益目标的行为不应该是没有限制的，应该接受总公司的宏观调控或者某种约束与制约。然而，目前在国内保险公司中，总公司往往只强调对分公司的保费规模的考核，这就使得分公司通常只注重如何扩大市场份额和追求地方利益，总公司却没有提出实质性的宏观调控政策和对分公司保险发展质量的考核方法。集中表现是对外的排他性，不仅要对外争利，打破地域间经营限制，还要防止肥水外流，设置壁垒保护地方市场。这种国内保险市场区域间的结构失衡，只能借助于政府来解决。通过政府干预促进中西部地区保险发展，借助经济手段来缩小区域保险发展的差距。如果没有强有力的政策手段，区域保险发展问题很难自行得到解决（刘京生，2002）。

2. 保险区域间利益冲突加深

20世纪90年代以后市场对资源配置作用的加大，深刻影响着我国区域经济差异变化。沿海地区在信息、技术、交通条件、海外资源、进出国际市场的便捷程度等方面具有较大优势，投资环境更有吸引力。在80年代开放政策的作用下，沿海地区在体制完善、基础设施、管理水平、产业现代化程度、劳动力素质等方面形成了一定优势（刘京生，2002）。进入90年代以后，随着市场机制对资源配置作用的加强，沿海地区同其他地区的经济差异自然地增大了。长期以来，由于国家投资重点放在了经济效益高、见效快的沿海地区。有了项目审批、税收减免、财政留成、外汇使用等优惠政策，沿海地区经济快速发展。以放权让利为核心的经济体制改革以及战略发展重点的转移，激起了地方政府扩张本区域经济建设的冲动，进而增强了经济活力，促进了区域经济增长。与此同时，地区保险业也随之得到发展。沿海地区保险公司具有一些发展的先决条件，如资金、信息、人才、技术等，再加上经济发展和人们收入的提高，以及保险公司对利润的追逐，因此相对来说，沿海地区保险业的发展速度远远高于中西部地区保险业的发展速度。改革开放以来，我国保险业的运行机制与发展模式发生了重大转变。在这个转变过程中，保险运行主体多元化，保险运行总量更具波动性，保险公司之间个人收入不断拉大，保险利益格局也在前所未有地变动，所有这些形成了地区间及保险公司间利益冲突的社会大背景。一般而言，沿海地区的保险公司员工收入水平更高，培训机会更多，工作条件比较舒适，获取信息的渠道宽泛，但是这些条件在中西部地区保险公司中则很难实现。

三、保险区域发展不协调的后果

（一）不能体现我国多层次的保险市场需求

在保险业比较发达的地区，市场主体数量较多，是一种垄断竞争的市场结构；而在保险业落后的地区，除了中国人保和中国人寿，其他公司很少设立分支结构，是一种完全垄断的市场结构。保险业发展水平居中的大部分地区，几家大公司占据了绝对的市场份额，市场呈现极为明显的寡头垄断格局。

（二）影响我国保险市场对对外开放的承受能力

根据国际贸易传统理论和国际金融自由化的经济收益理论，发展中国家从金融服务业的对外开放中可以获得静态与动态收益。不过在现实中，还存在不少约束条件，其中之一是国内金融市场的发育状况。市场化程度越高，开放收益越是巨大；市场化程度越低，开放收益越有限。在同外资保险公司的竞争中，市场化较高的区域可以学习经验与技术，提高其经营管理能力；同时，自身经营管理的能力的提高，又必将会增强其对对外开放的承受能力。假如区域保险资源非常丰富，市场化程度却很低，就能够吸引外资保险公司进入，不过这种区域本身对对外开放的承受能力较弱，会受到外资保险公司的较大冲击。

（三）不利于区域经济协调发展

现代保险业有三大基本功能，即经济补偿、资金融通和社会管理。如上文所述，经济发展水平越高的地区，其保险发展水平往往也较高，该地区保险业也更能够发挥其三大功能，更大程度地推动地区经济发展。一方面，保险向企业提供多种风险保障能够减少风险事故给企业造成的经济损失，帮助企业尽快恢复经济活动；另一方面，保险更大范围和更大程度上的功能发挥，在很大程度上能够降低政府负担，使政府部门可以集中精力为地区微观经济主体服务，为当地经济发展营造更好的环境。反之，经济发展水平比较落后的地区，如果保险发展水平也很落后，保险功能得不到有效发挥，那么对地区经济发展的促进作用就不如经济发达地区。对比以上两种情况可以发现，在区域经济发展不平衡的条件下，如果保险也同方向地不平衡发展，就会加剧区域经济发展的不平衡程度，这种经济的不均衡发展与我国经济的全面统筹发展目标是相违背的。

（四）不利于保险市场形成合理的风险分散结构

随着中国保险市场的逐步开放，市场竞争越来越激烈。对某一家保险公司来讲，在实力允许的条件下，如果可以在全国多个地区建立保险网络，那么公司就可以综合考虑不同地区的具体情况，发展同该地区相适应的险种，而且不同的地区，业务发展的侧重点可以有所不同。一旦外界经济金融环境变化或者突发事故等影响公司在某一地区的业务，还可以通过其他地区来弥补，进而在地区上分散公司的经营风险。相反，如果公司发展只是集中在某一个或者几个同类地区，那么就无法更好地分散公司的经营风险。

第二节　我国保险业区域发展的影响因素分析

从我国保险业的空间布局研究中可以看出目前区域保险发展差别性，即区域保险发展的同质性和差距拉大问题并存。本节将具体分析影响区域保险协调性的因素有哪些，并且分析各因素对区域保险协调性的影响和作用方式，以便于探讨造成区域保险发展差距拉大以及区域发展不协调的背景和根源。本节着重从保险业所处的环境、需求因素和供给因素三个大的方面进行论述。

造成区域保险差异变化的原因主要有以下几个方面：（1）区域保险发展的基础、保险市场要素的市场化程度、保险产业结构和所有制结构等，这些决定保险增长能力的差异。（2）国家宏观区域经济政策、对外开放政策、金融信贷政策、价格体系政策、投资政策、市场经济发展水平、经济结构、工农城乡关系和人口素质等方面的差异。（3）区域的区位因素不同所决定的区域保险公司竞争能力的差异，区域间保险公司不公平的竞争环境差异，等等（刘京生，2002）。

一、影响保险业区域发展的环境因素

（一）对外开放环境

1. 中国对外开放的地域性

中国对外开放的地域性，造成了保险业发展的地区差异由来已久。但对外开放对我国区域保险差异性的影响更多地表现为间接影响，且间接影响大于直接影响。在和外资保险公司的同台竞争中，"竞争效应"与"技术外溢效应"的发挥，促使中资保险公司注意学习与借鉴外资保险公司的先进经营管理经验及产品开发设计技术，逐步转变公司的经营理念与管理模式，从而实现保险业运行机制的结构性转变及保险业的发展，获得"结构外溢效应"。由于外资公司向东部地区集聚，东部沿海地区保险经营主体数量迅速增加，虽然会给东部地区中资保险公司带来前所未有的竞争压力，但是也给其提供了学习和借鉴的机会。长期下来，就会提高东部地区保险市场的竞争程度、市场开拓能力以及创新能力，并提升核心竞争力，这种间接效应会远远超过直接注资所产生的"资本积累"效应，并继续加大区域保险差异。

2. 中国对外开放度地域性特征的度量

不同地域的经济开放度是反映开放环境的一个重要指标，区域开放政策和地理位置等原因造成了区域开放度存在严重差异，对于保险业的发展等也产生了较大的影响。国际贸易、国际金融和国际投资三个指标是学者们比较公认的对外开放度的内容（周茂荣和张子杰，2009）。根据新古典增长理论，贸易开放促进经济增长主要渠道包括资源配置效率提高、规模经济效应以及促进资本形成等。以 Romer（1986）、Lucas（1988）等为代表的新增长理论则认为，贸易开放度促进经济增长的渠道主要是本国技术进步的加快和要素生产率的提高。但是，Jang C. Jin（2004）认为，各省增加贸易开放度反而对经济增长产生负面的影响。

贸易依存度是贸易开放度的最常用的指标，一般计算公式是

$$贸易依存度 = \frac{出口总额 + 进口总额}{GDP} \qquad （公式 5-1）$$

贸易依存度之所以成为贸易开放度最常用的指标，主要原因在于其数据的可得性和以此方法测度的各国贸易开放度的可比性（周茂荣和张子杰，2009）。Dollar（2002）等提出"真实对外开放度"在理论上要优于名义贸易依存度，并把该指标定义为以美元计算的进出口额之和除以用购买力平价转化的以美元表示的 GDP（David Dollars，1992）。与贸易依存度相对应，资本流动额占的比重也是金融开放度测度的一个重要方法。Karry（1998）建立了 Capflow 指标，

$$Capflow = \frac{资本流入额 + 基本流出额}{GDP} \qquad （公式 5 - 2）$$

其中资本包括 FDI、证券投资和其他投资。

（二）经济体制因素

1. 市场经济体制对居民保险意识和行为的影响

当前，我国的经济体制改革正在进行，而企业和居民的保险购买力是与当前的社会和经济政策调整息息相关的。随着养老、医疗和住房等社会保障体制改革的推进，以社会保险、个人储蓄和商业保险等为主体的新型社会保障体系将代替过去由国家大包大揽、一保到底的社会保障体系。同时，社会结构正在发生变化，家庭单位在缩小，社会人口正趋于老龄化，受教育程度正在提高，这些都促使人们的消费观念更关注自身利益的预期保障。也就是说，市场经济体制正对居民保险意识和行为起着积极推动作用（栾存存，2004）。

2. 所有制结构和产业结构影响保险业发展

在我国特有的社会主义经济体制下，所有制结构和产业结构对保险业有显著的影响。所有制结构的变迁对保险业发展产生的影响，具体表现在以下方面：首先，作为市场化的风险分散契约，保险的发展需要以明晰的产权为前提，但是在公有制经济中，产权界定不清晰和所有者缺位现象普遍存在，这制约了风险意识的形成；其次，公有制经济中的货币化程度低于非公有制经济，一是因为作为集体经济的农业在一定程度上有自给自足的经济特征，二是因为国有工业中的高福利和低工资收入结构。从后者来看，企业内部就业、医疗和住房保障等的福利性降低了个人的实际风险承担水平，呈现出了企业福利保障对于保险保障的替代效应。国有企业（SOEs）能够给雇员和家庭成员提供医疗供给以及有保障的退休金，不过现在已经逐渐被取消（Linda Ueltschy and Daniel Kiein，2004）。2000 年我国拥有的福利企业（为残疾人等提供就业机会的企业）达到历史最高的

60237 个，之后呈逐年下降的趋势，至 2006 年仅为 30119 个，但是利润却从 1995 年的 49.1 亿元增加到 2006 年的 237.8 亿元。福利企业个数及保障人数的减少，进一步激发了商业保险的有效需求。

（三）金融市场发育程度

目前我国的金融市场呈现良好发展态势，对保险业产生利好影响。2001—2007 年，我国股票市场创下历史新高，证券公司和投资基金发展迅速，债券市场融资活跃，市场创新不断，银行间市场交易活跃。金融市场发育程度的提高，对保险有两方面的影响。一方面，金融产品融合加剧，金融产品逐渐融入居民的日常生活，使得保险产品购买更便利，促进保险销售的增加；另一方面，保险公司资产结构变化明显，保险资金的运用渠道也不断拓宽，传统投资渠道（银行存款、国债和证券投资基金）的市场份额明显下降，包括股票、金融债券和企业债券在内的其他证券投资显著上升，保险公司已成为债券市场和股票市场的重要机构投资者。

（四）地理环境因素

1. 我国的自然灾害具有地域性

我国处于亚欧大陆板块，地理面积较大，是地震、台风、干旱、洪涝等自然灾害发生最多的国家之一，且国内地区自然条件差异较大，灾害分布不均。长期统计数据显示灾害呈现急剧上升趋势，2007 年造成死亡人数最多的灾害发生在孟加拉国、印度、中国和巴基斯坦，因巨灾造成的财产损失大约在 700 亿美元，其中大部分没有投保，须由个人、公司或国家来承担损失。在国际社会上应对洪灾损失上升趋势的主要手段是更好地为洪灾损失定价，更多地向资本市场寻求保护和更高程度的国家参与，英、美、德等西方国家都已经制定了不同的保险对策，而目前我国面对巨灾，过于依赖政府救助，巨灾保障体系中的其他部分特别是商业保险部分的功能并没有很好地发挥出来。

2. 灾害地域性对保险业的影响

东南、华南等地区主要是受台风和洪涝灾害，华北、西北地区主要受风沙和干旱灾害较多，西南地区主要是受到地震、泥石流等自然灾害的影响较为严重。自然灾害会造成居民生命财产等的损失，也会给基础设施等国家财产造成破坏。数据显示，2002 年灾害造成的直接经济损失为 1717.4 亿元，至 2006 年就达到了 2528.1 亿元。正是这些自然灾害的差异性，以及地域经济结构、产业结构的特点，决定了保险区域发展的差异性。比如农业较发达的省份已经有专业的农业保险公司，2009 年黑龙江农业保费收入达到 12.8795 亿元，占全省保费收入的 22.21%。

（五）政府政策因素

1. 政府政策尤其是经济政策对保险产业的影响

政府政策尤其是经济政策对保险产业的影响主要表现在以下几个方面：（1）在社会保险比较发达的国家，民营的商业保险成长容易先天不足。政府保险削弱了个人的风险威胁和保障需求，缩小了民营商业保险的活动领域。（2）在强制保险立法发达的条件下，民营商业保险容易成长。（3）比较优惠的产业政策、财政税收政策和金融政策，会刺激保险业，引导着其发展方向。因为优惠的政策影响经营成本和利润，从而制约着所投入的资本量和产出效益。（4）灵活有力的管理，既能充分发挥市场机制的作用，赋予企业以经营的动力，又能实施有效的宏观调控，保证竞争秩序，由此促进保险产业健康稳步发展。

2. 我国政府政策对保险的影响主要在两个方面

一方面是对保险发展的刺激作用，主要是政府产业政策的支持。2006 年 6 月 15 日国务院发布了《关于保险业改革发展的若干意见》。该文件提出了加快保险业改革发展的指导思想、总体目标和主要任务，体现了国家对保险业发展的大力支持。

另一方面政策导向造成了目前保险业发展的不均衡性。由于改革开放对东部的政策倾斜，导致了经济发展水平的区域发展差异开始形成，尽管近年来在西部大开发的战略带动下，西部保险业有了一定的发展，但数据显示，东西部、中西部的保险发展差异仍有拉大的趋势，且西部保险市场需求严重不足。我国原有的国有经济导致了长期的大包大揽，居民依赖性较高，无论是城镇居民还是农村居民在生命财产遭到损害时，更多的是等待政府救济。以巨灾保险为例，20 世纪 80 年代，国家财政提供的自然灾害救济款平均每年为 9.35 亿元，相当于灾害损失 1.35%。到了 90 年代，财政提供的自然灾害救济款平均每年为 18 亿元左右，比 80 年代增加了几乎一倍，但这仅相当于灾害损失的 1.8% 左右（中国保险业发展报告，2008）。政府财力有限，不仅不能给居民灾害损失提供足够的补贴，过多的补贴反而加重了政府的财政负担。把政策因素作为外生变量引入保险增长模型进行实证分析，但是由于相应的检验统计量不显著，所有模型中都没有出现政策因素，这说明政策因素对保险增长的影响间接地反映在收入和储蓄两个因素中，并通过它们来发挥作用。

二、影响保险业区域发展的保险需求因素

保险需求是指在一定时期内和一定价格保险费率条件下，整个社会对保险企业以保险形式提供的经济保障的需求量。影响保险需求的因素主要有风险因素、保险商品价格、国民收入水平及其增长速度、经济体制的类型、社会保障体系、利率、科技进步、政治稳定性、国民保险意识、宗教文化传统、居民的风险偏好、储蓄倾向、城市化程度等。地域不同，这些综合因素的合力会带来保险区域发展差异。

（一）经济发展水平

生产力发展的高度工业化，商品市场化，使风险威胁大量存在，这是保险业发展的前提。工业化一方面使产业结构不断调整，科技不断进步，形成新的风险领域；另一方面社会化生产使人口流动性加强，血缘纽带松弛，传统家庭式的风险防范方式需要社会化方式取代。

生产力发展还带来收入的迅速增加，一定的收入水平是保险产业发展的基础。人均收入水平的提高，促使消费结构发生根本的变化。由单纯温饱生存型消费转向发展、安全、享受型消费，由此产生出相应的风险保障需求和支付能力。实践证明，保险需求同收入水平具有一定的相关性，它们在直角坐标系上呈风铃状曲线，过高的收入和过低的收入都难以形成保险购买。Kakansson（1969）、Campbell（1980）、Truett Dale 和 Truett Lila（1990）、Kim 都证实一国收入水平是影响寿险投保水平最重要的因素。

1980—2002 年我国的实证研究表明，国民收入与保费收入呈现极大的正相关关系。近年来，我国经济的高速增长带动了人均可支配收入的大幅增加，也带来了企业资产的大幅度增加。人均可支配收入的增加一方面促进了居民在人寿保险方面的投资与保障需求；另一方面也增加了机动车保有量和家庭财产，从而带动了机动车辆保险和家庭财产保险等方面的需求。同时，企业资产的增加促进了对于企业财产保险的需求。因此，我国经济高速发展是保险公司增加保费收入的最重要的驱动因素。经济总量、投资规模和进出口的扩大，以及人均可支配收入的增加，为保险行业发展奠定了坚实的经济基础。

（二）居民收入水平因素

有证据表明，保险业的发展速度总是高于 GDP 的增长速度，即保险需

求的收入弹性大于1，而且越是发达国家保险商品的收入弹性越大。一般来讲，收入越高保险商品的消费量就越大。

收入增加对保险的影响的主要表现。一方面，随着收入增加，人们会考虑对生活品质的追求，在国家养老健康体制不健全的情况下，居民可以采用商业保险寻求养老、健康等的保障，这一点尤其在中产阶级中表现比较明显。另一方面，随着收入的增加，个人或者家庭拥有的固定资产增加，主要表现在住房和机动车辆的购买，刺激了机动车辆险和责任保险的发展（张运刚，2007）。

从消费角度看，收入增加会带来消费的增加。购买物品是消费内容之一，所购买的物品一部分会在短时期内消耗掉，另一部分则会用较长时间，也就是耐用物品。耐用物品的价值通常较大，只有在人们的收入水平提高以后才会购买，一旦发生损失，价值补偿的最有效的途径就是保险。并且，只有当财富积累达到一定规模，人们才可能为已经积累的财富支出保险费，而这些保费的支出，就来源于新增收入的部分。因此，个人收入增加会扩大人们的财产保险需求。

从生产角度看，收入增加也会带来保费收入增长。一方面，企业会考虑经营风险问题，对已有的规模不断扩大的财产进行投保；另一方面，根据加速原理，国民收入的增加促进投资的增长，人们为扩大再生产中追加的投资部分支付的保险费，也同样出资于新增收入部分（张芳洁，2004）。反映人民生活水平的指标一般可以选择城乡居民储蓄存款余额和居民人均可支配收入。

（三）人口状况和传统文化观念

人口状况和传统文化观念是制约保险产业发展的因素之一。一般来说，人口总量越大，保险产业的潜力越大，人口结构和素质也是不容忽视的因素。例如，就年龄结构而言，老龄化结构有利于刺激保险业的发展。根据世界银行的报告，2000年我国65岁及其以上年龄人口占总人口的比例接近7%，预计到2015年，该比例将增长到9%左右，2025年可能达到总人口的12%。到2040年老年人口约占总人口的20%。人口老龄化以及家庭小型化趋势的加剧，为养老和健康保险的发展创造了契机。

（四）保险的替代因素

保险的替代因素会对保险需求产生影响。这里所指的保险替代因素，一般是指社会保障。保障水平越高，居民生活越稳定，所处的风险程度越低，购买保险就越少。就我国而言，社会保障水平还较低，2009年全国社会保障和就业的财政支出为3296.67亿元，医疗卫生支出为1273.21亿元，社会保障的不足本应该刺激商业保险的需求，但是我国商业保险恢复时间较短，长期的政府保障导致了居民的商业保险需求仍然不强。实证表明，中国社会保障与商业保险之间并未形成相互替代关系，主要原因有：一是目前中国的保障水平很低，只能达到基本生活保障，人们对未来生活还缺乏安全感，在社会保障之外还需要商业保险保障；二是社会保障费用主要由国家财政和企业承担，消费者直接承担的较少，居民收入增加以后可以在不降低社会保障水平的基础上增加商业保险的消费。

我国区域社会保障支出逐年增加，东部高于西部。区域差异不大，并未倾向于中西部。2007年全国人均社会保障支出约400元，是1998年的近10倍，但是从区域来看，仍然是东部支出高于中西部，并未实现对中西部的保障倾斜政策，如图5-2所示。

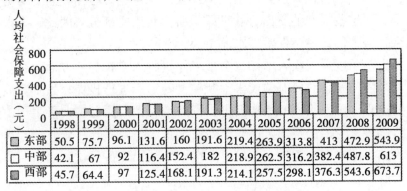

人均社会保障支出（元）	1998	1999	2000	2001	2002	2003	2004	2005	2006	2007	2008	2009
□ 东部	50.5	75.7	96.1	131.6	160	191.6	219.4	263.9	313.8	413	472.9	543.9
□ 中部	42.1	67	92	116.4	152.4	182	218.9	262.5	316.2	382.4	487.8	613
■ 西部	45.7	64.4	97	125.4	168.1	191.3	214.1	257.5	298.1	376.3	543.6	673.7

图5-2　东中西部人均社会福利支出趋势

资料来源：《中国统计年鉴》（1999—2010）计算整理。

（五）风险与保险意识

社会经济体制的变革转变了人们的风险意识和风险观念。孙祁祥和贲奔（1997）在其中国保险业供需模型中，将政府实施的金融政策对保险产业发展的影响设定为虚拟变量，实证结果表明，在我国保险产业的发展过程中，政府的宏观经济政策和制度因素，即社会经济体制的变革在转变人们的风险意识和风险观念中起着非常重要的作用。这是我国保险产业发展过程中不同于其他国家保险产业发展历程的地方。社会经济体制变革的影响作用要远大于某些个别经济政策的影响作用。这种变革，也即从计划经济向市场经济的过渡，对保险产业发展具有非常巨大的影响，它促使保险业从被压制的状态中解脱出来，并进入到跳跃式飞速发展的状态（魏翔，2005）。

我国居民的风险与保险意识存在差异性。随着市场经济体制的建立以及国民风险意识的增强，居民对保险知识的了解将增多，国民参与保险市场的意识增强，投保的人数随之增多。我国在经济体制、教育水平等方面同样存在的严重的区域差异性，也导致了居民风险意识和对保险知识了解的差异性，不同的社会环境下会形成不同保险需求，造成大多数地区的需求不足。

（六）受教育程度因素

一般情况下，受教育程度越高，收入越高，就越能推动保险需求的增加。一方面人们的收入支配能力增强，另一方面，保险意识也增强。就目前我国居民受教育程度来看，东、中、西部地区仍然存在较大差距。

我国区域教育差距是纯城乡间的差距，纯城乡间差距远大于地区间差距，区域间居民收入差距和经济差距导致的教育投入差距是影响教育差距的重要原因，其影响程度逐渐扩大。

（七）固定资产投资

在保险业中，产险保费收入与固定资产投资密切相关。产险保费收入占固定资产投资的比重大约维持在1.7%左右，并以一定的速度增加（任泽华，2008）。一方面，固定资产投资额的增长能够直接带来保险业务收入的增长；另一方面，通过投资的乘数作用，使国民收入的增长产生倍增效应，从而间接产生对保险的诱致需求。

目前地区间的固定投资还存在着较大的差距，且外资固定资产投资仍主要集中在东部。西部大开发和中部崛起的政策并未表现在大范围的固定资产投资上，要想缩小地区之间差距，中西部仍需加快投资步伐。

三、影响保险业区域发展的保险供给因素

保险供给是指在社会发展的一定阶段和一定时期内，各种形式的保险经济组织以商业保险形式向社会提供保险保障的总额。保险的发展规模和发展水平也取决于保险市场供给状况，即保险公司的资本投入、劳动要素投入、经营管理水平、技术创新能力、产品结构、服务态度等的发展程度和市场的竞争程度等因素（王金铎，2006）。一般而言，保险供给与保险业可用资本量、保险费率、保险人才、技术水平等呈正相关关系。

（一）保险公司数量

保险公司的数量越多，其营业网点相应越多，人们购买保险产品越便利。同时，保险公司间的竞争也越激烈，促销手段越多样化，越能刺激保险消费（张伟等，2005）。市场上保险主体数量的变化可以用来说明政府对保险市场开放的力度以及保险市场本身的竞争程度。按照微观经济学理论，市场结构的改善可以增加全社会的福利总量。实证研究表明，市场竞争主体的增加，特别是外资保险公司的进入，带来了国际保险市场上先进的保险经营技术和管理经验，推动了我国保险产业结构的调整和基础运作水平的提高，提升了我国保险业规模的急剧扩张。对 1985—2000 年的数据进行实证分析表明，保险市场上每增加一家保险公司，可以带来 49.47 亿元保费收入的增长（王棋等，2003）。

社会可用于经营保险业的资本量对保险业的供给也有显著影响（孙祁祥和贲奔和，1997）。在其供需模型中，用银行存款总量作为保险需求方程中的经济增长因素和保险供给方程中社会可用于经营保险的资本的近似值。2001—2009 年保险资产占金融业总资产的比重年平均不足 5%，因此，银行存款总量不能较好地反映保险业的供给能力。保险公司的设立，一方面可以直接扩大保险业的资本实力，另一方面可以直接增加保险营销人数、保险产品地区供给量以及其他保险投入，因此，保险公司的数量一定程度上反映了保险业的供给能力。

（二）保险营销方式

营销方式对保费收入有着重要的影响。股份制保险公司组织形式通过代理人进行产品销售是最有效率的方式（Patrick L. Brockoett，2004），因此保险的营销方式对保费收入有着重要的影响。一般来说，专业中介机构和营销服务部数量越多，保险市场的发展就越成熟，如果一个地区保险市场的兼业代理机构和营销员数量很少，就说明这个地区的保险市场很落后。然而，如果一地区的保费收入主要来自营销员和兼业代理机构等渠道，则表明该地区的保险市场仍然处在粗放式经营的阶段，保险市场还不成熟（肖志光，2007）。近年来我国保险中介保费贡献度稳步提高，主渠道作用进一步增强。截至 2009 年年底，全国共有保险专业中介机构 2570 家，全国保险公司通过保险中介渠道实现保费收入 9161.09 亿元，同比增长 13.89%，占全国总保费收入的 82.26%。全国中介共实现业务收入 881.94 亿元，同比增长 22.49%。

保险营销方式具有地域性和差异性。特别是我国专业中介机构分布不均，数量最多的北京有 316 家，其他数量超过 100 家的地区包括上海、广东、江苏、深圳、辽宁和山东等，上述 7 个地区保险专业中介数量占全国专业中介总数的 47.75%。专业中介机构在保险营销中的重要性逐渐突出，数量分布的区域不均，在一定程度上导致了保费收入的区域差距过大。

（三）保险技术支持

保险技术支持（如保险人力资源）的差异会影响保险区域发展。保险产品的开发与供给，是以风险管理技术的发展为前提的。技术进步在保险产品创新中也占有重要的地位，特别是精算技术和网络信息技术，对保险公司的产品、营销渠道、销售模式，乃至整个经营模式都产生变革性影响。仅就保险人力资源而言，三大地区分布就存在着非常大的差距，东部的保险专业学生和师资力量占到了全国的一半（如表 5-2 所示），并且毕业生就业方向仍集中于东部或大中城市，中小城镇保险从业人员专业水平、服务素质较低曾一度导致保险服务水平低下，严重影响了居民对保险公司的信任不足。

表 5-2　　　　　　　　　　2009 年东、中、西部保险院校情况

地区	保险相关专业	在校学生			师资力量		
		总计	博硕生	本专科生	总计	教授 副教授	讲师 助教
西部地区	总计（人）	5275	466	4809	474	210	239
	占全国比重（%）	15.38	28.21	18.04	26.45	24.74	26.3
中部地区	总计（人）	13426	210	7216	598	238	360
	占全国比重（%）	39.13	12.71	27.07	33.37	28.03	39.22
东部地区	总计（人）	15608	976	14632	720	401	319
	占全国比重（%）	45.49	59.08	54.89	40.18	47.23	34.75
全国总计（人）		34309	1652	26657	1792	849	918

第三节 我国保险业区域发展问题的原因解析

一、区域经济发展水平不平衡

众多研究证明，经济增长是促进保险市场发展的原因，也是影响保险需求的主要因素。一国的经济发展水平，特别是经济的持续增长会提高居民收入水平，增加储蓄存款余额，增强购买力，进而提升保险需求。

近年来人均 GDP 地区差距扩大趋势明显，造成了经济基础的地区差异。地区之间人均 GDP 差异由来已久，但是东部地区借助改革开放的政策、资金等优惠措施，加剧了地区之间的扩大的趋势，如图 5 - 3 所示。

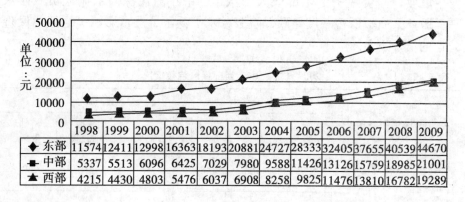

	1998	1999	2000	2001	2002	2003	2004	2005	2006	2007	2008	2009
◆ 东部	11574	12411	12998	16363	18193	20881	24727	28333	32405	37655	40539	44670
■ 中部	5337	5513	6096	6425	7029	7980	9588	11426	13126	15759	18985	21001
▲ 西部	4215	4430	4803	5476	6037	6908	8258	9825	11476	13810	16782	19289

图 5 - 3　1998—2009 年东中西部人均 GDP 趋势

资料来源:《中国统计年鉴》（1999—2010）计算整理。

二、人均可支配收入不平衡

人均可支配收入的区域差距是造成我国保险区域发展不平衡的重要原因。截至 2007 年，各地区居民可支配收入基本达到 1988 年的 3 倍，但是区域之间的差距逐步拉大，1998 年东部比中西部多 2000 元左右，2007 年则达到 5000 元，如图 5 - 4 所示。

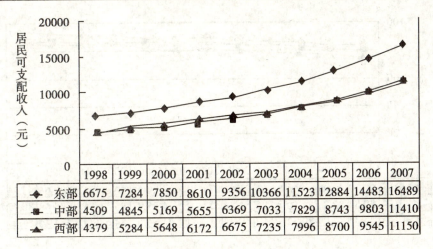

图5-4　东中西部人均可支配收入变化趋势

资料来源:《中国统计年鉴》(2000—2008)计算整理。

三、产业结构的地域性差异

我国产业结构的地域性差异直接影响了保险业区域发展。从国民经济各个部门以及社会再生产各个方面的组成与构造来看,经济结构包含产业结构、交换结构、分配结构、消费结构、技术结构和劳动力结构等。在我国,第一产业劳动生产率水平低下,加之人多地少,造成农村居民收入水平较低。再加上受到中国传统保障观念的影响,农村居民的保险需求非常有限。由于存在"市场失灵"问题,农业保险的潜在需求也难以转化成现实。而以第二、三产业为主导的城市及周边地区,二、三产业的发展在推动城市化进程的同时,提高了居民收入水平,保险需求也呈现出多样性和高层次的特征。

东中西三地区的第二、三产业比重都在逐年增加,但是差距并没有缩小。从图5-5可以看出,在1998年至2007年的十年中,东部和西部的第二、三产业比重基本增加了10%左右,而西部仅为5%,并且三地区仍存在一定差距。东部省份尤其是江苏、浙江和广州等地区的产业结构更趋于合理,城市化水平也要远高于中西部地区。从中西部地区生产总值总量和第二、三产业比重来看,所有制结构和产业结构都不及东部地区合理,也就造成了商业保险缺乏有效的体制环境。

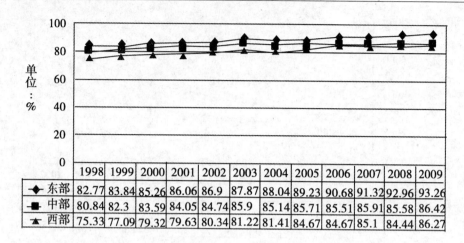

	1998	1999	2000	2001	2002	2003	2004	2005	2006	2007	2008	2009
◆ 东部	82.77	83.84	85.26	86.06	86.9	87.87	88.04	89.23	90.68	91.32	92.96	93.26
■ 中部	80.84	82.3	83.59	84.05	84.74	85.9	85.14	85.71	85.51	85.91	85.58	86.42
▲ 西部	75.33	77.09	79.32	79.63	80.34	81.22	81.41	84.67	84.67	85.1	84.44	86.27

图5-5　1998—2009年东中西部第二、三产业所占比重

资料来源:《中国统计年鉴》(1999—2010) 计算整理。

四、保险供给水平不平衡

首先,保险供给水平不平衡表现在保险资本总量供给能力较弱和保险产品不丰富。目前,我国保险业的供给能力较弱,无法满足保险市场上的巨大需求,呈现出供给约束型特征。其突出表现是保险业资产规模较小。截至2007年年底,我国保险公司总资产占金融业总资产的比仅为4.79%,而发达国家的这一比例基本在20%左右,甚至更高。我国保险业资本总量的大小对于保险供给能力有着至关重要的影响。一般来说,相对于其他行业,对保险业的监管更为严格,尤其是偿付能力监管,监管机构十分重视保险公司的资本充足性,所以,保险供给很容易受到资本的限制;目前我国保险业存在很大的供给能力缺口,这主要是因为资本不充足造成的。资本募集可以采取上市、增资扩股以及发行次级债等方式。

其次,保险供给水平不平衡表现在保险供给结构的不平衡。我国当前的保险市场集中度较高,这既限制了有限保险供给资源的合理流动,又限制了保险创新能力与服务质量的提高,对保险供给能力产生了较大的负面影响。增加保险市场的主体不仅能有效解决这些问题,而且能将大量的社会资本引进保险业,不断充实和提高保险业的承保能力。保险市场主体数量地区差异巨大,供给不平衡性加剧。截至2009年年末,全国共有保险集团公司8家、保险公司121家、保险资产管理公司10家。从保险公司资本结构属性看,中资保险公司共有69家,外资保险公司共有52家。其中,中资产险公司 34 家、中资寿险公司 32 家、中资再保险公司 3 家，外资产险公司 18 家、外资寿险公司 28 家、外资再保险公司 6 家。全国共有省级（一级）分公司 1208 家，中支和中支以下营业性机构 66818 家。保险市场主体不平衡，导致了保险业资产、产品、竞争等的不平衡，也是造成保险业发展区域不协调的一个原因。

五、对外开放的地域性差异

我国对外开放的地域性，造成了保险业发展的地区差异由来已久。保险是对风险转移的工具，保险补偿的未来性，决定了只有在出现剩余产品的情况下才有保险需求。所以从现实考虑，只有在收入较多的情况下才能形成保险需求，从保险产品的角度出发，航运保险、汽车保险等的出现也是与实体经济不能分开的。我国对外开放的历程中，地域性较明显，东部沿海城市在开放的契机下大量吸引外资，工业化进行和经济体制改革加快，最终导致了区域之间产业结构、居民收入、城市化等一系列差距的出现，保险业也不例外。

保险业对外开放对我国区域保险差异性的直接影响不明显。保险对外开放虽然使外资保险公司的绝对数量超过了中资保险公司，也使得东、中、西部保险市场上保险机构数量与分布密度产生较大差异，但是从业务规模与市场份额的角度来看，它对我国区域保险差异性的直接影响并不显著。截至 2009 年底，我国共有外资保险公司和合资公司 131 家，在数量上大大超过了中资公司，但是这些公司中只有 25 家在中、西部，其余全都分布在东部地区。外资保险公司原保险保费收入 458.02 亿元，市场份额占比为 4.11%，对东、中、西部保费收入市场份额格局并没有很大的影响。外资保险对我国区域保险差异的影响作用似乎"微不足道"，因为即使扣除外资保费收入，2009 年我国区域保险空间比例仍严重失衡。

根据省际数据的可得性和可比性，本文选取贸易依存度和金融开放度两个指标的加权平均反映地区的开放程度，贸易依存度采用"真实对外开放度"，金融开放度选取以美元表示的实际利用外资额与 GDP 比率计算，结果如表 5-3 所示。

表 5 - 3　　　　　　　2001—2009 年东、中、西部经济开放度指标　　　　　单位:%

地区	指标	2001 年	2002 年	2003 年	2004 年	2005 年	2006 年	2007 年	2008 年	2009 年
东部	金融开放度	5.25	5.29	4.53	4.33	4.57	4.58	4.44	4.58	4.63
	贸易开放度	60.27	66.03	77.63	88.00	90.79	93.38	92.07	93.38	92.16
	经济开放度	32.76	35.66	41.08	46.17	47.68	48.98	48.26	48.98	48.45
中部	FDI/GDP	1.30	1.45	1.48	1.44	1.95	1.63	2.12	1.63	2.31
	贸易开放度	8.48	8.69	10.88	11.85	11.87	12.33	13.08	12.33	13.28
	经济开放度	4.89	5.07	6.18	6.65	6.91	6.98	7.60	6.98	7.61
西部	FDI/GDP	0.85	0.80	0.60	0.57	1.07	1.18	1.22	1.18	1.22
	贸易开放度	8.71	9.12	10.48	11.64	12.01	12.63	13.48	12.63	13.47
	经济开放度	4.78	4.96	5.54	6.105	6.54	6.905	7.35	6.905	7.54

资料来源:《中国统计年鉴》(2002—2010)。

六、金融市场发育程度地域性差异

从金融机构、金融资产等方面来看,我国东部地区较中西部地区存在明显的优势,如表 5 - 4 所示。东部是主要的商品流出地和劳务流入地,现金投放较为集中,融资规模较大,形成了较好的金融环境。从金融机构营业网点覆盖广泛、金融产品丰富程度、业务量、保险公司数量和居民储蓄存款余额等来看,东部金融市场发育明显优越于中西部,从而在一定程度上加速了东部保险业的发展。

表 5 - 4　　　2009 年我国东、中、西部地区和东北地区金融业地区分布状况　　　单位:%

行业	项目	东部	中部	西部	东北
银行业	机构个数占比	39	25	27	9
	从业人数占比	44	22	23	11
	资产总额占比	61	15	17	7

续表

行业	项目	东部	中部	西部	东北
证券业	总部设在辖内的证券公司数占比	66.0	11.3	17.0	5.7
	总部设在辖内的基金公司数	95.4	0.0	4.6	0.0
	总部设在辖内的期货公司数占比	67.9	11.9	11.3	8.9
	年末国内上市公司数	59.6	16.1	17.7	6.6
	当年国内股票（A股）筹资额占比	75.4	11.6	12.3	0.7
	当年发行H股筹资额	73.1	5.1	20.9	0.9
	当年国内债券筹资额占比	79.9	9.4	6.5	4.2
保险业	总部设在辖区内的保险公司数占比	82.5	3.5	7.0	7.0
	保险公司分支机构	32.1	30.4	27.0	10.5

资料来源：《2009年中国区域金融运行报告》。

七、人口数量结构变化的差距

从图5-6可以看出，东、中、西部地区人口基本保持一个较平稳差距格局，2000年之后，东部人口有略微增加趋势，表明人口数量差距是形成地区之间保费收入差距的一个原因，但其对区域之间保费收入差距拉大的影响较小。

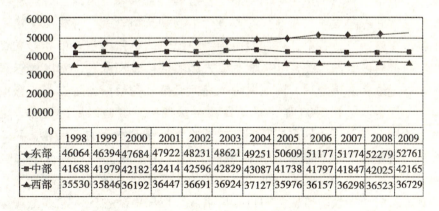

	1998	1999	2000	2001	2002	2003	2004	2005	2006	2007	2008	2009
东部	46064	46394	47684	47922	48231	48621	49251	50609	51177	51774	52279	52761
中部	41688	41979	42182	42414	42596	42829	43087	41738	41797	41847	42025	42165
西部	35530	35846	36192	36447	36691	36924	37127	35976	36157	36298	36523	36729

图5-6 1998—2009年东中西部人口变化趋势

资料来源：《中国统计年鉴》（1999—2010）计算整理。

八、保险市场的供给主导型特性

从我国保险发展的实践来看，总体而言是一种供给主导型保险市场，即保险供给决定了保险需求。同样，我国的区域保险市场也是供给主导型市场，不仅如此，还是总公司供给主导型市场。"分公司"作为区域保险的经营主体，由于没有独立的保险产品开发权与定价权、销售模式与销售产品的选择权，因而不能根据各区域的保险市场需求来从事保险活动，造成区域保险有效供给及有效需求的双重不足。我国的区域保险市场具有典型的"卖方市场"特征，各保险总公司"生产"何种保险产品，以什么价格销售保险产品，以及区域保险公司提供什么样的保险服务，往往不取决于保险消费者的客观需要，而取决于保险产品与服务的设计开发、市场推广成本和便利程度以及短期内可能给公司带来的好处等，其结果就是各个区域的保险产品种类与结构雷同、保险服务无差异，市场缺乏真正能够满足不同区域和不同消费者需求的个性化产品与服务，市场提供的保险产品消费者不需要，或者是消费者盲目购买市场上已有但自己并不需要的产品，也就是保险产品的有效供给不足。而区域保险有效供给不足会抑制区域保险有效需求，直接导致区域保险有效需求不足（孙秀清，2006）。

保险产业的自然垄断属性和国有产权在我国保险业中的垄断地位决定了国家在保险业的发展进程中始终占有重要地位，可以说我国保险业的发展过程就是由政府供给主导的制度变迁过程，直接表现为国家通过相应的保险制度和保险发展政策对保险业进行引导和严格管制。与我国保险市场的整体发展一致，各个区域保险市场也历经了政府供给主导市场的发展过程。一些对区域保险经营和发展有重大影响的决策性问题，如区域保险机构设立、经营区域范围、区域保险产品与价格、保险资金运用等，都由国家统一规定。尽管2003年1月1日新《保险法》实施以后，政府一定程度上放松了对保险业的严格管制，如开始进行保险费率的市场化，允许保险公司制定保险险种条款和费率等，但是"关系社会公众利益的保险险种、依法实行强制保险的险种和新开发的人寿保险险种等的保险条款和保险费率，应当报保险监督管理机构审批。其他保险险种的保险条款和保险费率，应当报保险监督管理机构备案"。而且至今缺乏具有区域性指导性意义的保险制度与保险发展政策，各个区域仍然实行统一的保险监管模式与统一的保险税收政策。所以，中国区域保险发展所面临的保险制度、保险机构、保险产品和服务、保险人才等方面的供求矛盾还没有得到根本性的解决，也就是说，区域保险发展实践趋同性与区域保险需求差别性之间的矛盾仍然存在，并严重制约区域保险发展水平与发展速度。

要想从根本上解决区域保险面临的主要矛盾，必须要从各个区域客观的差别性保险需求出发，实施差异化的区域保险发展战略。

第六章　我国保险业区域发展的路径与模式分析

保险区域发展路径与模式的选择，依赖于保险区域发展的现状，以及未来想要达到的区域发展目标。我国保险区域发展状况存在巨大差异，东、中、西部的保险发展水平存在落差，各个区域内保险与经济的协调度也不一样。对于未来各区域的发展状况预测和发展目标的制定，采用不同的方法也会有不同的结果。结合我国的保险区域发展状况，本章提出采用情景分析法中的适宜模式来确定保险区域发展的目标，然后针对不同区域提出针对性的发展路径建议。

本报告依照情景分析的基本步骤，对我国区域保险发展的路径进行探讨。第一，通过规范分析，选取造成我国保险业区域差异性的因素，再通过定量分析方法识别出关键因素；第二，用间接和直接两种方法确定区域保险发展的目标；第三，分析区域保险未来发展的惯性情景、理想情景和适宜情景，并进行综合比较分析；第四，根据情景分析结构和目前区域保险发展路径，提出东、中、西部更为合理有效的区域保险协调发展模式和路径。

第一节　区域保险协调发展的情景模式分析法

情景分析法（Scenario Analysis）是在对经济、产业或技术的重大演变提出一种关键假设的基础上，通过对未来详细地、严密地推理和描述来构想未来各种可能的方案。相较于传统的统计预测方法，情景分析法的最大优势是使管理者能发现未来变化的某些趋势避免两个最常见的决策错误：过高或过低估计未来的变化及其影响（曾忠禄和张冬梅，2005）。

情景分析将定性和定量资料结合起来，对研究对象从不同层面进行综合性和多角度的描述和分析。该方法采取循证原则，也就是寻求证据，发现所有可能与研究对象有关的、内在的和相互联系的问题和因素，为进一步的研究、计划和决策提供政策依据。情景分析可以说是政策研究的首要环节，它剖析什么是问题产生的原因和根本原因，它影响了哪些方面，影响的程度怎样，它在哪里，什么时候发生，发生频率如何等等。情景分析的这些内容，正是今后制定、评价和实施政策方案所必须针对的关键点（刘冬华，2007）。

一、情景设置和说明

为比较不同政策下东、中、西部地区保险业发展各指标的发展趋势，以及造成的地区差异和协调状况，参考前述各区域保险业指标的不同发展状况，可以给区域保险发展设置两种不同的情景，并对其发展趋势进行对比分析。这两种不同的情景分别是惯性模式（也叫当前模式）和适宜模式（现实的）。两种模式一般可设置如下情形：

惯性模式是以历史发展趋势为标杆，即不改变目前的经济发展模式，按照以往的发展趋势继续前进，区域保险业发展仍然遵循自身以往的发展规模和速度，不考虑是否能在该地区发挥好保险应有的功能。这种发展模式会继续扩大保险业发展的地区差距，不利于保险业功能的发挥和小康和谐社会的建设，因此应该设法改变。

适宜模式是在国内外先进水平与历史发展趋势两个标杆之间根据自身实际选择的一条发展道路，即逐步改变目前的经济发展模式，人均 GDP 仍然维持快速增长，同时实现地区保险业发展水平和经济发展水平相适应，通过分析不同区域的特殊社会和经济环境，制定不同的发展策略，使我国各地在未来一段时间内（20 年）实现保险业的协调发展，其可行性最高，也势在必行。

构建这样两种情景的作用是帮助各地定量地看清当前自身保险业的发展水平，找出自身与国内外先进水平的差距，为人为确定自身规划期的经济目标提供一定的客观依据。

二、区域保险发展惯性情景

在惯性情景下，通过趋势预测对保险业指标进行分析。首先预测三大区域的保费收入、人口和人均 GDP，通过计算得到保险密度和保险深度。从保费收入、保险密度和保险深度三个指标衡量三大区域保险业的发展趋势。

1. 保费收入

以 1998 年三大区域的保费收入为初始值，根据 1998—2009 年的保费收入历年来数据做其随时间的发展趋势曲线，并进行曲线拟合，分别得出东、中、西部的曲线方程：：

$$P_{东} = 576e^{0.2118x}, R^2 = 0.9647;$$

$$P_{中} = 192.47e^{0.2101x}, R^2 = 0.9745 \qquad (公式6-1)$$

$$P_{西} = 175.74e^{0.1857x}, r^2 = 0.979$$

　　三个方程都通过了检验，根据曲线拟合方程，可以预测东中西三地区2015、2020年和2025年的保费收入，如表6-1所示。

表6-1　　　　　　　　　惯性情景下区域保费收入预测　　　　　　　单位：亿元

区域	2001年	2002年	2003年	2004年	2005年	2006年	2007年	2008年	2009年	2015年	2020年	2025年
东部	1405.6	1985.3	2523.1	2690.6	3112.9	3294.2	4340.7	5143.3	5862.5	26097	75250	216981
中部	363.6	588.9	754.2	954	1054.3	1212.11	1487.15	2285.7	2383.9	8448	24155	69061
西部	343.1	478.9	603.1	673.5	761.2	918.36	1189.09	1730	2008.1	4972	12583	31844

资料来源：《中国保险年鉴》（2002—2010）计算整理。

　　从图6-1可以看出，未来保险业在继续发展的过程中，仍然会呈现出区域差距拉大的趋势。相对于我国经济发展水平来说，保险业发展仍显落后，因此无论是东部还是中西部，保险业有较大的发展空间。按照近20年保险业高于GDP的发展速度，如果按照持续惯性发展下去，保险业规模在2020年之后会出现较大的跨越性，但是却会呈现出区域发展不均衡的状况。

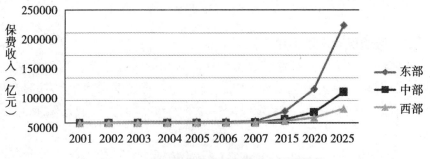

图6-1　惯性情景下区域保费收入预测趋势

2. 人口数量

从 2001 年至 2009 年我国东、中、西部地区人口分布状况来看，并未表现出明显的随时间递增趋势，无法做趋势预测，本文根据"人口发展'十一五'和 2020 年规划"进行简单的人口预测。"规划"中指出，未来10 年我国人口（不含香港、澳门特别行政区和台湾省，以下同）将以年均 800 万人至 1000 万人的速度增长。本文选择折中办法，设定自 2007 年开始，人口按照 900 万人的速度增长，假定东、中、西部地区之间人口流动性不强，年均增长分别为 348 万人、296 万人和 256 万人，预测结果如表 6－2 所示。

表 6－2　　　　　　　　　　　惯性情景下区域人口预测　　　　　　　　　　单位：万人

区域	2001 年	2002 年	2003 年	2004 年	2005 年	2006 年	2007 年	2008 年	2009 年	2015 年	2020 年	2025 年
东部	47922	48231	48621	49251	50609	51177	51774	52249.17	51606.92	54556	56295	58034
中部	42414	42596	42829	43037	41738	41797	41847	42030.52	42783.58	44218	45701	47183
西部	36447	36691	36923	37127	35976	36157	36298	36522.73	36818.21	38344	39623	40902

资料来源：《中国统计年鉴》（2002—2010）和预测数据计算整理。

3. 国内生产总值

以 1998 年三大区域的 GDP 为初始值，根据 1998—2007 年的保费收入数据做其随时间发展的趋势曲线，并进行曲线拟合，分别得出东、中、西部地区的曲线方程。

$$G_{东} = 3683e^{0.144x}, R^2 = 0.9897;$$
$$G_{中} = 1712e^{0.123x}, R^2 = 0.9633 \qquad （公式 6－2）$$
$$G_{西} = 11443e^{0.1344x}, R^2 = 0.9755$$

三个方程拟合程度都非常高，根据曲线拟合方程，可以预测东中西三地区 2015、2020 和 2025 年的 GDP，如表 6－3 所示。

表 6－3　　　　　　　　　　　惯性情景下区域 GDP 预测　　　　　　　　　　单位：亿元

区域	2001 年	2002 年	2003 年	2004 年	2005 年	2006 年	2007 年	2008 年	2009 年	2015 年	2020 年	2025 年
东部	63610	71177	82967	99495	117795	137844	163370	190728.5	208001.4	491972	1010723	2076463
中部	26208	28681	32590	39489	46362	53682	64391	78202.56	85628.47	156696	289833	536092
西部	18735	20718	23696	28603	33586	39527	47864	58256.63	67547.44	128583	251786	493034

资料来源：《中国统计年鉴》（2002—2010）和预测数据计算整理。

　　不考虑经济下滑因素，按照目前我国年均约8.7%的GDP增长速度，至2020年或2025年GDP确实会呈现出较大的发展，且东、中、西部会依照惯性持续增长。但不难发现，差距也在逐渐拉大，如图6-2所示。中西部差距不大，但是东部与这两地区的差距会拉大，在经济的影响下，表现出收入等一系列差距的拉大，正如美国国家情报委员会公布的《全球趋势2025》所预示的"中国有可能成为世界第二大经济体和头号军事强国，但贫富分化加剧、社会保险网络缺乏、对国外能源严重依赖、腐败以及环境问题都将制约中国的发展"。贫富差距、社会保险网络缺乏有可能表现在区域上。

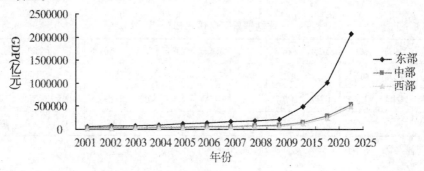

图6-2　惯性情景下区域GDP预测趋势

4. 保险深度和保险密度

　　通过对东、中、西部地区保费收入、人口数量和GDP的预测，计算得到2015年、2020年和2025年的保险密度和保险深度。如表6-4所示，保险密度呈现逐年增加趋势，但是三地区的差距在逐渐拉大。保险深度呈现出人意料的趋势，从表6-4来看，2015年之后中部地区的保险深度将超过东部呈加速上升趋势，尽管三地区之间的差距仍在拉大，但是呈现出了不同的趋势。

表6-4　　　　　　　　惯性情景下区域保险密度和保险深度预测

项目	地区	2001年	2002年	2003年	2004年	2005年	2006年	2007年	2008年	2009年	2015年	2020年	2025年
保险密度（元/人）	东部	293.3	411.6	518.9	546.3	615.1	682.6	838.4	984.4	1136	4783.4	13366.9	37388.5
	中部	85.7	138.3	176.1	221.7	252.6	290	355.4	543.8	557.2	1910.6	5285.4	14636.8
	西部	94.1	130.5	163.3	181.4	211.6	226.4	327.6	473.7	545.4	1296.7	3175.7	7785.5
	全国	157.7	226.8	286.1	316.5	359.8	399.7	507.1	700.2	781.5	2663.6	7276	19936.9

续表

项目	地区	2001 年	2002 年	2003 年	2004 年	2005 年	2006 年	2007 年	2008 年	2009 年	2015 年	2020 年	2025 年
保险深度（%）	东部	2.21	2.79	3.04	2.7	2.64	2.54	2.66	2.7	2.8	5.3	7.45	10.45
	中部	1.39	2.05	2.31	2.42	2.27	2.27	2.31	2.9	2.8	5.39	8.33	12.88
	西部	1.83	2.31	2.55	2.35	2.27	2.07	2.48	3	3	3.87	5	6.46
	全国	1.95	2.53	2.79	2.58	2.49	2.35	2.55	2.8	2.84	5.08	7.21	10.24

　　说明：全国保险密度数据由东、中、西部地区数据加权平均得到，因分地区数据统计的原因，2001—2007 年的保险密度数值与《中国统计年鉴》中的数值会略有偏差，此处只是为了说明问题，所以未做具体修正。

　　未来保险业顺势快速发展，中部保险业增长与经济匹配度提高，但是三大区域差距仍然在拉大。就保险密度而言，2020 年东部地区加速上升，至 2025 年人均保费达到 37388.5 元，分别是中部和西部的 2.6 倍和 4.8 倍。就保险深度而言，2015 年中部地区保险深度开始超越东部地区，说明中部地区开始呈现一种保险业发展与经济发展的匹配，三个地区虽然存在一定的差距，但没有保险密度的差距大，如图 6 - 3 和图 6 - 4 所示。

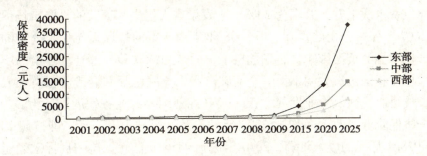

图 6 - 3　惯性情景下保险密度预测趋势

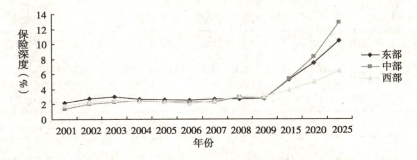

图 6 - 4　惯性情景下保险深度预测趋势

三、我国区域保险发展适宜情景

结合我国经济发展水平、世界保险业发展动向和我国保险业比较适宜的发展动向进行趋势预测，分析三大区域保险业发展趋势。

1. 保费收入

受全球经济增长放缓和投资环境更加艰难的影响，世界保险业增长温和。2007 年全球保险业取得强劲的保费增长和可观的盈利。直接保费总收入实际增长了 3.3%，其中寿险保费增长了 5.4%，非寿险保费增长了0.7%。但是在食品和能源价格激增影响下，宏观经济环境的特点表现为经济增长略为放慢和通货膨胀上升。各市场利率趋势不同，但总体上较低。股市虽然在 2007 年年末表现强劲势头，但于 2008 年年初下跌。同时，全球次级信贷危机预计将影响之后几年的经济增长。

金融危机下，跨国机构在我国的业务发展缓慢，但长期布局的信心不减。同时，我国经济恢复较快，成为全球经济增长亮点，保险业发展步伐并未大幅放缓，金融危机为我国保险业扩张带来了新的机遇。由于持续强劲的经济增长和 2006 年 7 月引入的强制机动车第三者责任险，2007 年非寿险保费再次上升，升幅为 20%。未发生重大损失和繁荣的投资市场促进了 2007 年保险公司的盈利。但 2008 年年初严重的暴风雪对保险公司的盈利产生明显的负面影响。金融危机下，股市的疲软和外部经济环境的不确定性也使我国出口大幅下滑，企业破产和失业问题等都会造成保费收入的增长放缓。我国保险业发展"十一五"规划纲要的业务发展目标为，2010年全国保险业务收入争取比 2005 年翻一番，突破 1 万亿元，即按照 2005年 4928.4 亿元的收入计算，2010 年达到 9856.8 亿元。这一目标已经超额实现。①

表 6-5　　　　　　　　　适宜情境下区域保费收入预测　　　　　　单位：亿元

区域	2002 年	2003 年	2004 年	2005 年	2006 年	2007 年	2008 年	2009 年	2015 年	2020 年	2025 年
东部	1985.3	2523.1	2690.6	3112.9	3294.2	4340.7	5143.3	5862.5	11138.2	20955.5	39269.4
中部	588.9	754.2	954	1054.3	1212.1	1487.2	2285.7	2383.9	5077.1	11277.9	24803.1

---

① 预计 2010 年保费收入是 2005 年的 2.7 倍，总资产是 3.2 倍，我国已经成为全球最重要的新兴保险大国。

续表

区域	2002 年	2003 年	2004 年	2005 年	2006 年	2007 年	2008 年	2009 年	2015 年	2020 年	2025 年
西部	478.9	603.1	673.5	761.2	918.4	1189.1	1730	2008.1	3498.3	7193.8	14781.9
全国	3053.1	3880.4	4318.1	4928.4	5424.7	7017.0	7429	10254.5	19713.6	39427.2	78854.4

资料来源:《中国保险年鉴》(2003—2010)计算整理。

我国保险业发展潜力巨大,仍将会是竞争的焦点,发展速度依旧较快。发达国家保险市场已趋饱和,新兴市场发展速度快和保险资源开放度较低的格局,将促使保险资源的跨国流动,加剧竞争的同时,会给新兴市场带来先进的风险管理与保险技术、组织制度、经营理念等。因此我国保险业在"十二五"中依旧可以达到翻一番的目标,本文假设保费收入在2015 年、2020 年和2025 年都会达到较上个五年规划翻一番的目标。随着我国对中西部地区保险业发展的大力支持,自 2001 年至 2009 年,东部地区保费收入占全国的比重年均下降 1.04%,中部地区这一比例为 0.67%,西部地区为 0.37%,假设各地区仍按照该比例发展,则推算出 2010 年、2015 年、2020 年和 2025 年东、中、西部地区的保费收入值,如表 6 - 5 所示。

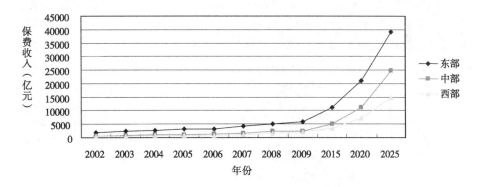

图 6 - 5　适宜情境下区域保费收入预测趋势

2. 人口数量

伴随着产业转移和西部大开发的继续深化,我国人口增长在三大区域之间会存在不同的趋势。中国人民大学人口与发展研究中心主任顾宝昌教授认为,我国人口发展趋势呈现两大特点:一是总体上看,育龄妇女的生育行为与生育意愿已经由想生 3—4 个变为 1—2 个;二是从 20 世纪 90 年代开始,我国人口的内在自然增长率就已转为负值,人口增长的惯性已经释放殆尽。中国人口信息网统计资料显示，2008年和2009年年末人口增加分别为673万人和672万人，自然增长率分别为5.08‰和5.05‰。2009年东、中、西部地区人口自然增长率均值分别为4.68‰、4.73‰、6.78‰。通过以上分析，本文设定东、中、西部地区人口自然增长率年均下降约0.1‰，则三大区域人口预测值如表6-6所示。

表6-6　　　　　　　　　　适宜情景下区域人口预测　　　　　　　　单位：万人

区域	2002年	2003年	2004年	2005年	2006年	2007年	2008年	2009年	2010年	2015年	2020年	2025年
东部	48231	48621	49251	50609	51177	51774	52249.17	51606.92	52465	53529	54480	55309
中部	42596	42829	43037	41738	41797	41847	42030.52	42783.58	42420	43307	44102	44801
西部	36691	36923	37127	35976	36157	36298	36522.73	36818.21	37054	38273	39433	40528
全国	127518	128378	129415	128323	129131	129919	130802.4	131208.7	135109	138015	130638	140638

资料来源：《中国统计年鉴》（2003—2010）计算整理。

3. 国内生产总值

根据世界银行发布的《中国经济季报》，尽管遭到全球经济危机的严重冲击，我国的实体经济仍然保持了平稳较快发展。我国银行业基本上没有受到国际金融动荡的大的影响，我国经济仍然具有采取适度刺激措施的空间。但是，随着全球金融危机的加剧，我国的出口遭受了重创，影响了社会投资和市场情绪，制造业的表现尤其明显。根据这种情况，世界银行把对2009年中国GDP的增长预测下调至6.5%，这也是继最近世界银行调低2009年全球GDP增长和进口预测之后所作的调整。随即在2009年6月，世行将这一增长率上调至7.2%，2009年11月4日上调至8.3%，并且预计2010年增长有望达到8.7%。

王莎莎等（2009）用AFJMA、混合时间序列和模糊预测GM（1，1），利用我国经济发展数据构建了一个组合预测模型，实际检验优于三个模型的分别预测。其预测结果显示，中国经济基本保持10%左右的增长率。考虑到2008年经济危机，本文设定2009年增长率为8.3%，2010年为8.7%，2010年之后中国GDP仍按10%的速度增长，分别得到2015年、2020年和2025年的全国GDP。

国家发改委地区经济司研究表明，2009年上半年，四大地区经济总量份额比去年同期略有变化，东部和东北部地区比重略有减少，中部和西部地区比重略有增加。其中，东部地区生产总值达到85891.1亿元，占全国比重为 55.9%，比上年同期减少 0.1 个百分点；中部地区生产总值 30217.8 亿元，占全国比重为 19.7%，比上年同期增加 0.1 个百分点；西部地区生产总值 25936.6 亿元，占全国比重为 16.9%，增加 0.3 个百分点；东北地区生产总值 11723.9 亿元，占全国比重为 7.6%，减少 0.3 个百分点。国家西部大开发的继续推进、东部产业向中西部转移、统筹城乡发展规划等一系列战略和措施都有利于中西部经济发展。本文假设中部 GDP 占全国的比重年均增加 0.1 个百分点，西部年均增加 0.1 个百分点，东部地区年均减少 0.2 个百分点，经过比重计算，分别得到东、中、西部的 GDP 预测值，如表 6 - 7 所示。

表 6 - 7　　　　　　　　　适宜情景下区域 GDP 预测　　　　　　　单位：亿元

区域	2004 年	2005 年	2006 年	2007 年	2008 年	2009 年	2010 年	2015 年	2020 年	2025 年
东部	99495	117795	137844	163370	191041	206379	223563	353841	559863	885560
中部	39489	46362	53682	64391	77922	84822	92587	152217	250148	410919
西部	28603	33586	39527	47864	58256	63504	69415	114898	190044	314121
全国	139253	167587	197743	231053	327219	354705	385565	620956	1000056	1610600

说明：因统计口径的不同，全国的 GDP 与区域的会有差距，本文重在进行趋势预测以及对保险指标的计算，因此全国数据采用东中西区域加总。

4. 保险深度和保险密度

通过对东中西部保费收入、人口数量和 GDP 的预测，经过计算得到 2010 年、2015 年、2020 年和 2025 年的保险密度和保险深度，如表 6 - 8 所示。按目前发展速度，在三大区域都增长的同时，仍会呈现差距拉大的趋势，并且短期内不会改变，中西部落后现状仍是制约我国保险业发展的一个方面，如图 6 - 6 和图 6 - 7 所示的保险密度和深度发展趋势。

表 6 - 8　　　　　　　适宜情景下区域保险密度和保险深度预测

项目	地区	2002 年	2003 年	2004 年	2005 年	2006 年	2007 年	2008 年	2009 年	2010 年	2015 年	2020 年	2025 年
保险密度（元）	东部	411.6	518.9	546.3	615.1	682.6	838.4	984.4	1136	1124.4	2080.8	3846.5	7100
	中部	138.3	176.1	221.7	252.6	290	355.4	543.8	557.2	532.2	1172.3	2557.2	5536.3
	西部	130.5	163.3	181.4	211.6	226.4	327.6	473.7	545.4	458.8	914.1	1824.3	3647.3
	全国	226.8	286.1	316.5	359.8	399.7	507.1	700.2	781.5	747.1	1459.1	2856.7	5606.9

续表

项目	地区	2002 年	2003 年	2004 年	2005 年	2006 年	2007 年	2008 年	2009 年	2010 年	2015 年	2020 年	2025 年
保险深度(%)	东部	2.79	3.04	2.7	2.64	2.54	2.66	2.7	2.8	2.64	3.15	3.74	4.43
	中部	2.05	2.31	2.42	2.27	2.27	2.31	2.9	2.8	2.44	3.34	4.51	6.04
	西部	2.31	2.55	2.35	2.27	2.07	2.48	3	3	2.45	3.04	3.79	4.71
	全国	2.53	2.79	2.58	2.49	2.35	2.55	2.8	2.84	2.56	3.17	3.94	4.9

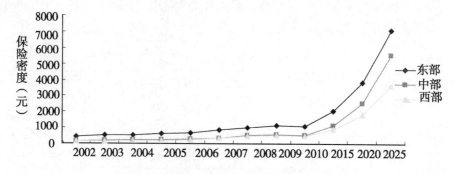

图 6-6　适宜情景下保险密度预测趋势

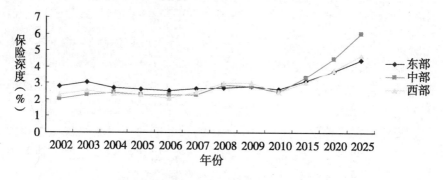

图 6-7　适宜情景下保险深度预测趋势

四、我国区域保险发展路径两种情景比较分析

我国保险业的发展，在坚持快速、健康、可持续发展的同时，必须坚持统筹兼顾、协调发展原则。统筹保险业与经济社会发展，统筹加快发展与防范风险，统筹经济效益与社会效益，统筹城市保险市场与农村保险市场发展，科学筹划，突出重点，兼顾各方，实现保险业协调发展。就我国目前东、中、西部地区保险发展的差距问题，存在较多的历史根源，不能

简单地强调某个区域保险业的做大做强，而要结合当地的经济发展水平、居民收入、自然环境等多方面的因素，不能求快，只要达到协调发展，即达到了保险业基本的目标，实现其促进改革、保障经济、稳定社会、造福人民的重要使命。

因此，我国区域保险业未来发展是选择基于现状而不加以约束的惯性发展方向，还是采取各种有效措施，给予落后地区相应的政策支持以加快保险业发展，继续挖掘潜在保险需求，促进保险业与经济社会的协调，是我国保险业未来统筹发展所必须解决的问题。我国区域保险未来的增长趋势在惯性情景和适宜情景下的比较分析可以通过以下几个方面进行阐述。

保费收入增长方面：在惯性情景下，利用指数预测，尽管拟合度较高，但是按照近10年来保费收入增长率较高的惯性继续发展，并未考虑到2008年金融危机给我国金融业和实体经济造成的影响。在应对金融危机中，尽管我国做出了极大的努力，保持了GDP约8%的增长，但主要靠投资和刺激内需拉动，经济的见效周期还较长，在收入增收不明显、实体经济增长缓慢的情况下，保费收入不会大幅增加。此外，未来保费收入不会存在过大的差距。随着东北振兴、中部崛起、西部大开发、中原城市群建设、成渝一体化等区域性战略的继续实施，以及长江三角洲和珠江三角洲产业向中西部转移，中西部实体经济和金融环境都会有一定改观。另外，我国五年规划的制定一般遵循平稳发展的目标，尽管保险业发展速度快于整个经济，但是要与实体经济和整个经济环境相协调，因此惯性增长的趋势很难实现。因此，以适宜情景按照年增长率和五年规划目标达到保费收入增长的预期是较合理的发展方向，在保持各地区保险业增长的同时，力争缩小差距的扩大趋势。

保险密度增长方面：保险密度衡量一地区人均保费收入情况，实证经验表明，我国人口增长并不是保费收入的直接原因，尽管西部人口增长速度快于东中部，仍不能达到保险密度的高速增长。通过惯性预测，至2025年，全国保险密度可以达到德国2007年的水平（2662美元，世界排名第18位），东部保险密度可以达到丹麦2007年水平（5103美元，世界排名第5位），根据我国目前过高的人口基数，这种发展速度会明显过快，且不可能达到。至2025年，东部保险密度分别为中部和西部的2.6倍和4.8倍，明显会偏离我国社会主义和谐发展的目标。我国保险业"十一五"规划纲要指出要统筹空间布局、促进区域协调发展，不仅要形成合理的区域布局，还要积极开拓"三农"保险市场。鼓励在中西部及东北地区增设保险公司法人机构和分支机构，开发与当地经济社会发展相配套的保险产品，为国家区域发展总体战略服务，最终形成东中西部梯度接续和联动发展的格局。因此，我国人口基数较大，适宜情景下的保险密度增长是较合理的趋势，且东中西部差距没有形成较大的扩大趋势。

保险深度增长方面：在惯性情景预测下，不考虑保险密度的上下波动性，持续较快增加，至 2025 年全国达到 10.24%，东、中、西部分别达到 10.45%、12.88% 和 6.46%。发达国家保险深度目前基本保持在 10% 以上，但是深度的增长是十分缓慢的，并且会呈现上下波动性，因此很难赶上发达国家现有水平。同时，各地区差距不会持续扩大。我国经济结构调整逐步推进，各地区第三产业都在逐步增加，但速度缓慢。例如，2009 年前三季度增速位次依次是西部、东部、中部和东北部，分别增长 13.1%、11.9%、11.1% 和 11%，中部地区同比下降 0.7 个百分点，东部和东北地区均提高了 0.2 个百分点，西部提升最快，达到了 2.6 个百分点。因此，保险深度不会如惯性预测那样增长，适宜情景下的增长是较合理且易达到的。

惯性和适宜情景对比分析表明，我国保险业会实现平稳较快发展，但是由于经济发展、收入差距问题依然存在，保险业地区差距也会继续拉大，在此情景预测下，仍需加大对保险业发展的宏观指导，提出适当的区域保险发展模式。

第二节　我国区域保险协调发展目标及实现路径

一、我国区域保险协调发展目标

区域保险协调发展的目标总体可以设定为：在优先提升保险业发展的整体实力和竞争力的前提下，重点扶持落后地区保险业发展。提高落后地区保费收入、保险深度和保险密度，一方面缩小其与全国水平的差距，另一方面有效控制东中西部保险发展差距扩大的势头；力求达到保险业发展与经济发展的匹配度，即各省、自治区、直辖市、计划单列市的保险业绩指数在 1 上下小幅波动；特定区域实施专业保险重点项目建设，实现保险为居民和生产服务的基本职能，在农业发达地区鼓励农业保险试点，使农业保险收入与农业总产值相适应，在地震、洪水、干旱、台风多发地区建立专门的巨灾保险体系；促进保险供给，积极鼓励建立保险机构，使其数目和当地经济发展水平及人口相适应，实现落后地区技术改造和服务水平提高；统筹城市保险和农村保险市场发展，统筹经济效益和社会效益的统一。概言之，协调即是指保险业与经济发展和社会建设的共同协调。

二、我国区域保险协调发展实现路径

区域保险协调发展实现的路径可以简单概括为三种，即单纯依靠政府作用实现保险业区域空间合理布局，单纯依靠市场力量实现保险资源自由流动，注重市场作用与政府推动的统一实施各区域不同发展模式。

1. 单纯依靠政府作用实现保险业区域合理布局

实现区域保险协调发展发挥政府作用至关重要。从中央政府的角度来看，目前面临的主要问题是区域经济发展不平衡，实现区域保险协调发展既是区域经济协调发展内容的一个方面，也是促进区域经济协调发展的稳定剂。为缩小中西部与沿海地区的差距，优惠的政策应该更多地面向落后的地区。国家需要对区域合作进行宏观管理，要不断地提高工作层次，行使调查研究、政策制定、统筹指导、协调服务的职能，力争做到与规划相结合，与区域经济的发展相结合，与国际区域合作相结合，与对口支援相结合，与西部大开发和促进中部崛起相结合。

单纯依靠政府的作用不足以实现区域保险协调发展。政府在鼓励优惠政策、保险法规和政策的制定、保险的监管等方面确实存在着无可替代的作用，但是商业保险经营毕竟是一种逐利活动，经济人的特点决定了其市场导向性，有保险需求和完善的保险经营体系才能促进当地保险业的发展，政府只能起到一定的推动作用。

2. 单纯依靠市场力量去实现保险资源自由流动

依靠市场的力量主要表现在保险经营主体方面。商业保险的经营主体包括保险公司、保险中介机构等，他们的目的就是实现利润的最大化，或者股东权益最大化，因此其市场布局会考虑到营利性，而不是力争发挥商业保险对社会保险的补充作用。依靠市场的力量对保险市场贡献较大的一个方面表现在保险产品方面。保险公司可以根据不同地区的特征开发不同的保险产品。例如，西部地区居民的储蓄倾向较强，对银行的信任度较高，保险公司应以多开发储蓄分红保险为主；中部地区的保费收入对居民

可支配收入的弹性比较大，社会保障水平整体上比较低，保险公司应当以开发养老、医疗等人寿保险产品为主；东部地区的经济比较发达，社会保障水平相对较高，居民消费水平也较高，保险公司在开发多层次人身保险产品的同时，还可以积极开发住房、汽车保险等为主的财产保险产品。依靠市场的力量会导致区域保险发展的差距进一步扩大，可保风险减少。保险公司与其他公司较大的区别是经营风险，是对社会保障的重要补充，一方面要对现有保险市场进行偿付能力的严格监管，保护被保险人合法权益，另一方面政府对落后地区或者特定风险地区要采用强制或者补贴措施，促进保险公司进行风险经营，缓解政府保障的局限性。

3. 注重市场作用与政府推动的统一实施各区域不同发展模式

区域之间保险业能否实现协调发展，即差距逐步缩小并与当地经济条件和社会环境相适宜，从根本来说不属于行政行为，而是经济行为。它主要的不是取决于政府的愿望，而取决于产业之间的联系：它取决于该合作能否在两个或者几个区域之间产生互利互补的共生关系；取决于资源、市场与生产要素能否在这些合作区域之间实现畅通的流动，并产生经济和社会效益，因为区域经济整合的基础是市场要素的整合。同时，区域经济整合还需要政府的积极支持与干预，如果我国区域整合中没有必要的政府干预，那么自发的区域经济整合就会导致竞争越来越不公平，就会导致地区之间的差别越来越大。因此，政府与保险企业是实现区域保险协调发展的两只手，政府充当区域经济合作中的总设计师和总规划师，而保险企业却是区域经济合作中的主力军和生力军。而者分工合作的好与坏，是决定一个区域保险业发展能否成功的关键（赵峰，2007）。

通过对未来区域保险发展的预测以及区域保险协调发展目标和路径的分析，本报告将在适宜情景下研究区域保险协调发展的路径，通过设定东、中、西部自身的发展模式，以求达到区域保险协调发展。

第三节　适宜情景下我国区域保险协调发展模式

从惯性情景和适宜情景比较分析来看，区域差距还是我国保险业发展非协调性的一个重要表现。在剖析了形成区域差距的原因之后，结合我国区域规划和区域政策，基于全国省区角度设计我国保险业协调发展的目标和实现路径。

一、适宜情景下协调发展模式

1. 区域保险发展模式

区域保险由非协调到协调发展的模式本文设定为 4 种，即经济地位匹配模式、社会环境协调模式、规模扩张追赶模式和经济社会均协调模式，如图 6 - 8 所示。

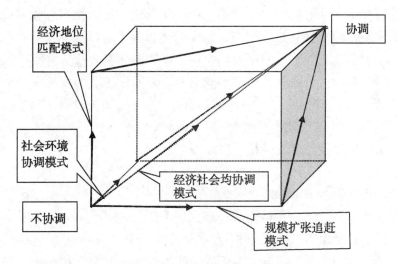

图 6 - 8　由非协调到协调的发展模式

2. 各区域发展模式的选择

通过对我国保险业空间布局以及造成地区差异性影响因素的分析之后，本文基于全国的角度设计出我国保险业发展的总体状态为由非协调到协调，即达到区域保险业与经济社会环境均协调。从逻辑上，区域保险协调发展的路径主要有 4 种：

发展路径一：与经济地位匹配模式。用保险业绩指数来衡量一个地区保险业对全国保险业的贡献与该地区对全国 GDP 贡献的匹配性，不强求保险业的规模和水平达到较高程度，只要求其贡献率与经济贡献率达到一致，即保险业绩指数等于 1，或在 1 上下小幅波动，这种路径只考虑到了保费收入与 GDP 的关系，并未考虑到当地的经济环境和社会环境因素。

发展路径二：与社会环境协调发展模式。保险业是经营风险的行业，通过风险的化解和转移来实现经济补偿。一方面考虑到人口因素，包括人口的数量、就业率、年龄结构和教育水平等，以人均保费作为衡量标准，达到一定水平即能基本保障居民的风险转移需要，不必过于强调保费收入与 GDP 的关系；另一方面是考虑到自然环境，即自然灾害，根据历史灾害的损失程度、发生的频率进行政府导向型的巨灾保险布局，建立商业保险与政府合作的"利益共享、风险共担"机制，不强求保费收入与当地经济的匹配度。

发展路径三：规模扩张追赶模式。对于经济发展相对较好，而保险业发展规模和水平都较落后地区，采用产业优化升级、加大投资、强制保险等方式实现规模的扩张。对于经济、保险发展都落后的地区，实施经济带动下的保险跟随发展战略，使保险业规划始终处在产业重点发展的行列。

发展路径四：与经济社会均协调模式。强调保险业的发展是建立在各种经济和社会条件基础上，不过分强调保险业自身如何发展。保险业发展要与金融业、第三产业、产业结构、经济发展水平、开放程度、人口因素、自然环境因素等多方面相适应。

二、与东部经济地位匹配模式

经济地位不匹配主要是指某一地区的 GDP 占全国 GDP 的比重达到了一定的程度，而保费收入占全国保费收入的比重、保险密度、保险深度、保险业绩指数与之并不匹配。匹配度较低的地区应该重点挖掘保险潜在资源，刺激保险需求，达到与经济地位相匹配。

保险区域聚类显示，第四类地区江苏、浙江和广东为东部保险业与经济地位不匹配的重点省份。这 3 个省份保费收入在全国名列前茅，但是保险深度、保险密度和保险业绩指数较低，这意味着，与可比意义的"相对于经济发展的保险业发展水平"来衡量，这些地区的保险业发展程度实际相对较低，换言之，这些地区的保险市场相对而言实际上远未饱和，尚具有很大的发展潜力和空间，保险潜力还需要进一步挖掘（郑伟，2008）。东部地区经验函数和理论分析表明，东部经济地位匹配模式的实现需要做到以下两个方面：

一是充分利用保险机构网点布局较多优势，优化产品结构，提高供给力度。东部地区保险公司、保险中介数量都有着明显的优势，但产品结构还需要进一步优化。在东部地区所考察省份的财产保险产品结构中，机动车辆险占有绝对的份额，2007 年东部各省市该险种的比例平均在 70% 左右，份额最小的上海、海南也达到 50% 以上，比前几年略有提高。农业险、货物运输保险、责任保险和信用保险在大多地区的份额都比较低，且各公司产品结构趋同性严重。从人寿保险的险种类型来看，分红产品在东部地区绝大多数省区都占据50%左右的份额，内部存在较大的差异，2007年北京、上海、天津的分红产品比例不足40%，投资连接、万能保险等投资类保险产品比例高达40%；而江苏、浙江和广东分红产品的比例在50%左右，投资类产品比例不足30%。就产品结构而言，分红保险是一种"大众化"产品，购买者普遍收入不高，比较注重投资的保值增值性；而投资连接及万能险种购买者的收入通常更高一些，相对来说比较注重寿险产品的投资理财功能，有较强的风险投资性。因此，在产品发展上，经济比较发达、消费者收入较高、投资理念比较成熟的东部地区，发展投资型产品有较大的空间。因此，必须大力丰富保险产品，继续推进产品结构优化，东部沿海地区继续发展船舶险、货运险、责任险、信用险、意外险等险种。继续扩大对外开放，重点引进养老、健康、责任和农业保险等方面有专长的境外保险公司，积极借鉴外资公司先进的经营理念、管理经验、技术服务和运作方式。

二是缩小城乡收入差距，加大"三农"保险补贴，刺激落后地区保险需求。2007年的数据显示，2009年我国城乡收入差距继续拉大，达到3.33比1，较2007年的3.32比1和2008年的3.31比1扩大，城乡居民家庭恩格尔系数分别为37%和43%。城乡居民收入差距也是保费收入城乡差距形成的一个原因，农村居民较多，而人均保费不足城镇的50%，造成了我国整体保险密度不高。除此之外，城镇保费收入增长速度快于农村，由于城乡生活方式的差异，农村财产保险业务与城镇缺乏可比性，但是农村寿险、农业保险占比较高，有一定的增长潜力。刺激农村保险需求的一个重要举措就是加大对农村的保险补贴，制定农业保险补贴的政策，包括扩大保险补贴险种、调整保险补贴办法和标准、实行财政差别补贴政策等。充分发挥东部地区各级地方政府财政补贴作用，对符合条件的农业生产者，市、区（县）政府统一组织为其投保，确保他们在遭遇灾情后能拿到基本的成本保障；在此基础上再动员农业生产者参加补充保险，通过增加保险费来获得更充分的保障。发生灾情后，市、区（县）政府一般不再出台相关补贴政策，而由保险公司依据有关保险条款进行补偿。

促进东部地区保险业加快实现结构优化升级，增强可持续发展能力，实现率先发展。在现有的经济模式下，东部经济依旧会朝着较好的方向发展，随着环渤海经济圈、长江三角洲、珠江三角洲经济体制的进一步调整，金融服务业的继续深化改革，东部保险业必将实现与其地位相匹配的模式。

三、中部社会环境协调模式

中部八省在区位、资源和农业三个方面有着与东西部不同的特性，保险业协调发展目标、区域保险协调发展的模式设计应与其匹配。中部地处华夏腹地，地域广阔，人口众多，历史悠久，文化底蕴深厚，是一个天地钟毓、人杰地灵、物产丰富、资源富集、承东启西、连南贯北的宝地，在农业、能源、矿产资源、旅游、区位等方面有着独特的优势，在国家经济社会发展中占有重要地位。中部保险业的发展思路应该与其地理区位优势双重性、资源环境优势双重性、农业优势双重性三个方面相适应，中部社会环境协调模式的实现需要做到以下三个方面：

一是加大经济投资力度，促进城市化进程，防止中部边缘化。在我国融入世界经济一体化程度不断深化、经济重心日益向沿海转移的情况下，中部地区不仅没有充分发挥区位优势，相反，地处内陆腹地所造成的与国际市场距离远、运输成本高的地理空间不经济格局，使中部地区在发展过程中不断地被边缘化。与实体经济相适应，保险业也未将中部列为重点地区，无重点经济中心、金融中心，外资吸引力度较小。保费收入的主要来源为城镇，而中部的城市化水平均低于全国水平。2009 年，全国城镇化比重接近 46.6%，除吉林、黑龙江外，其余省份均未达到这一水平，说明大量人口"积压"在农村，也导致"三农"问题突出。区位因素造成的开放型经济发展滞后，也是中部地区与东部地区发展差距不断扩大的主要原因。因此，东部可以利用内部经济发展差异较小的优势，促进城市化和县域经济发展模式，在此基础上建立城市群经济，增加居民可支配收入，以促进保险业的增长。

二是充分利用中部资源工业基础建立大型企业集团，鼓励实业经济向金融业投资，增加保险供给主体。与沿海相比，中部地区具有相对的资源优势。中部八省原煤产量比重超过 30%，有色金属产量、发电量占全国比重超过 20%，因此也形成了较大的企业集团，如山西的四大煤矿集团、太原钢铁集团、河南煤业化工集团、湖北东风汽车集团、湖南华菱钢铁集团、江西铜业集团、黑龙江北大荒农垦集团等一系列大的集团公司，不仅吸纳了当地较多的就业人口，还带动了周边地区经济的发展。大多中外合资保险公司都是由外资保险公司与国内实业集团进行合资组建，国内一些股份制保险公司也是由几大实业集团共同出资组建，如海尔纽约、中航三星皆是由外资保险公司与国内企业集团合资设立，中资的瑞福德健康保险、长江养老保险公司等都是由国内数家大的企业集团共同出资。中部有着十分丰富的集团资金优势，但投资于保险业的较少。因此，中部地区应该积极鼓励大的企业集团联合创办有特色的商业保险公司。企业集团财力雄厚、具有良好信誉、具有国资背景等特点，可以为合资保险公司规避风险、迅速获得客户资源、增加团体保险、扩大影响力和树立良好形象等提供强有力的支撑，也可以增加保险公司、保险中介、保险人才，促进保险供给。

三是重点扶持中部"三农"保险，既保证国家粮食安全为"三农"提供保障，又促进地区保险业发展。中部农业地位重要，但是农业基础设施保障能力较低，灾害频发。按 2008 年中国统计年鉴数据计算，中部拥有全国 38% 的耕地面积，为全国提供 44.7% 的谷物产量，中部八省第一产业总值占全国的比重为 32.6%。随着我国人口的不断增长和工业化、城市化所造成的耕地面积减少速度不断加快，粮食和畜禽产品成为日益紧俏的经济资源，中部的农业资源禀赋优势不断加强。但是中部又是农村居民占比最高、地质灾害频发的地区。2009 年中部八省农村人口占全国人口的 33.01%，相对于城镇人口，其农村人口占比超过 55.8%，城市化水平低于全国。中部也是地质灾害多发的地区，2009 年，粮食主产区干旱、低温雪灾和黄淮等人口稠密地区强对流天气引发的风雹灾害都给中部地区造成了较大的经济损失。与农业地位不匹配的是，中部农业基础设施保障能力低。农业基础设施建设投入相对不足，并形成历史欠账，防洪灌溉设施普遍老化，病险水库数量多，农业抵御自然灾害能力弱，受农业基础设施保障能力低和大面积自然灾害的影响，中部的稻谷单产低于全国平均水平，与建设全国重要粮食生产基地的要求极不适应。

中部农业保险试点工作大范围展开，保持平稳快速运行仍需各方努力。2008 年，安徽国元控股（集团）有限公司联合 12 家国有大型企业共同发起设立的我国第二家专业农业保险公司——国元农业保险股份有限公司正式开业，预计涉农保险保费收入比例将不低于 60%。江西、湖南、河南等地保险公司与政府财政补贴相结合的政策性农业保险也由试点转向全面启动。在农业保险发展的初始阶段，仍要吸取过去农业保险失败的教训，借鉴国外尤其是美国农业保险发展的经验，积极探索因地制宜的农业保险模式，发挥中央财政、地方财政在农业保险中的补贴作用。不仅要发展农业保险，还要拓展到发展"三农"保险。一方面保障农业生产的顺利进行，将专业性农保公司经营、商业保险公司自办、商业保险公司代办、政府与公司联办、共保经营等5种模式从试点地区向较大范围推广，促进农业增产增收；另一方面扩大农村保险市场，重点开发保障型保险，发展农村居民商业养老、医疗、意外伤害、教育保险等品种，合理利用农村信用合作社和邮政储蓄银行网点的优势，解决保险营业网点不足的问题。

中部保险业发展要依托其区位、工业基础、农业地位的特殊性，在国家中部崛起的战略下，强调保险业与当地社会环境的协调一致。从保险业区域聚类的结果来看，中部八省份除江西外都为第三类，4个指标基本低于全国水平，尤其要加强江西保险业发展。中部保险业的发展还有很大的空间，需要跟随国家中部崛起战略：第一，制定区域对外开放政策，大力发展加工贸易，在全球范围内配置资源，实现中部地区与发达经济区域的能量交换与要素对接，积极吸引劳动密集型产业，解决大量农村剩余劳动力就业问题，增加居民可支配收入；第二，以工业化和城镇化作为突破口，重在加强现有工业产业链和业务范围，促进经济中心和小城镇发展，改变传统经济生活方式，促进保险需求；第三，在中部率先开展金融机构市场准入试点，发育新的农村金融服务组织，对中部特别是中部农村经济和非公有制经济的发展给予更多的融资支持。

四、西部规模扩张追赶模式

产业追赶模式最初由美国经济学家亚历山大·格申克龙（Alexander Gerschenkron）提出，他按照工业化程度的不同把研究的样本国家分为"后起国"（Backward Countries）与先进国（Advanced Countries）。他指出后发国家具有后起性（Backwardness），即后起国在以工业化为主要内容的近现代经济发展过程中所具有的特性。后起国转化为先进国的历程被称为追赶和赶超。

格申克龙提出的后起之益（The Advantage of Backwardness）学说，指出后起国家可以通过有别于先进国家的方式或途径来达到先进国家所显示出的那种工业化水平或状态，并且还能实现资源条件的可选择性和时间上的节约。具体表现在：第一，引进先进国家的技术与装备。基于先进国家大多数工业技术的相对先进性，引进先进国家的技术与装备是作为后起之益最为显著的表现。后起国家通过直接引进先进技术和装备，不仅可以替代有关技术和装备的研究与开发、使工业技术进步过程大大加快，并避免有关风险，而且事实上也完全可能使其相对于先进国家的经验来说在更高的技术层次上开始工业化进程。第二，学习和借鉴先进国家的成功经验，吸取其失败的教训。后起国家首先有先进国家已有工业化成就和经验教训的可参照性，其次可以根据"国情"选择合适的工业化模式。第三，唤醒改变经济落后面貌和寻求工业化发展的强烈的社会意识。这一方面来源于后起国自身经济的相对落后性及对维护和增进本国利益的考虑，另一方面也是先进国家的经验刺激和启示的结果。

格申克龙"后起之益"首次从理论高度展示了后起国工业化存在着相对于先进国家而言取得更高时间效率的可能性，也更加强调了后起国家在工业化进程方面赶上乃至超过先进国家的可能。格申克龙理论对后来的产业追赶影响巨大，主要表现在"学习和引进先进技术"以及"发展计划"两个方面。

西部规模扩张追赶模式，并不能简单理解为单纯追求规模忽视质量和结构的发展模式，其基本思路精髓是跟随西部大开发的步伐，凸显保险业的作用，加大扶持力度。保险业区域聚类结果显示，贵州、云南、广西、甘肃、青海和西藏为第五类地区，其保险业发展水平4个指标严重落后于全国平均水平，属规模扩张重点扶持地区。地区经验函数显示，影响西部保险业发展的关键影响因素是保险公司数量、社会福利费和第二、三产业占GDP的比重。这3个因素弹性系数分别为2.84、0.73和0.44，弹性系数依次递减，反映了对保费收入的影响程度由强到弱。除实证外，考虑到西部经济发展基础和现状，实现规模扩张追赶模式需要从以下几方面着手：

加大基础设施建设，为西部保险业发展提供外部条件，吸引保险人力和技术基本转移。目前西部经济增长模式的主要特点是资源依赖及高消耗型、高投资拉动型、初级要素密集型和国有经济主导型。在西部大开发政策的实施下，西部的首要任务依旧是加大基础设施建设。基础设施建设是指为社会生产和居民生活提供公共服务的物质工程设施，是用于保证国家或地区社会经济活动正常进行的公共服务系统，包括居住建筑、办公商用

建筑、能源动力、交通运输、环保水利和邮电通信等项目。基础设施建设
具有所谓"乘数效应"，即能带来几倍于投资额的社会总需求和国民收入。
一个国家或地区的基础设施是否完善，是其经济是否可以长期持续稳定发
展的重要基础。因此，随着基础设施建设的逐步完善，可以为建筑安装工
程险、意外险等业务发展提供丰富的保费资源。西部地区将不断拓宽投融
资渠道，加大招商引资力度才能为西部地区承接国外和东部产业转移奠定
基础，转变西部经济增长模式，引入民营资本，实现产业多元化，加快地
区经济发展，为保险需求夯实基础。

　　促进东部保险业跟随其他产业向西部转移，加大税费优惠力度。承接
东部产业转移主要是为了解决目前西部初级产业结构特征和国家垂直分工
格局的问题。多年以来，西部一直扮演着"资源产地、能源原材料基地"
的角色，资源开采出来输往东部，由东部进行加工制造，制成品然后销往
西部地区，这种垂直分工格局经过改革开放以来有了一定变化，西部也已
开始发展一些资源深加工项目和高科技产业。随着产业的转移，既可以增
加劳动力就业率，提高收入水平，使潜在保险需求转化为现实保险购买
力，也可以促进产业结构的调整，为构建较完善的西部保险体系创造环
境。国家发改委公开资料显示，西部大开发战略优惠政策主要集中在四
类，即外商投资优惠政策、外商税收政策、信贷倾斜政策以及投资倾斜政
策，并且此项政策仍会继续延长。针对保险业而言，除享受此类优惠外，
还应该做到以下几点：一是加强与政府部门的沟通协调，积极争取地方政
府给予税收优惠政策；二是建立农业保险风险基金，对种植业、养殖业保
险提供政策性补贴；三是争取将建筑、煤炭、矿产开发等高危行业责任险
列为强制保险，推动商业保险参与城镇职工大病补充医疗保险、城镇郊区
失地农民养老保险，为进城务工农民工提供意外伤害保险；四是通过沟通
协调，进一步营造政府搭台、公司唱戏、监管部门服务的保险业发展格
局，为保险业创造良好的发展环境。

　　继续深化经济体制改革，提高市场化水平，提高保险意识。我国在20
世纪50年代、60年代进行的两次西部开发都是在高度集中的计划经济体
制下由政府主导来进行的，目的是调整畸形的产业布局、建立国家战略后
方基地，也由此形成了相对客观的现代工业和军事工业基础，但造成了国
有经济占主导、民资和外资进入不足的地区经济增长模式。实证检验表
明，产业结构的优化升级和所有制结构的调整都有利于刺激保险需求，而

西部国有经济的主导，产权界定不清晰、所有者缺位现象会制约风险意识的形成，国有企业高福利低工资的特点也会形成对保险保障的替代作用，制约商业保险需求和保险覆盖面。在第三次西部大开发过程中，更重视依靠市场来调节配置资源，调整投资结构加大对制造业和农业的投资。市场化水平的提高，关键还是要发展第二产业和第三产业，转变高投资增长模式。西部的一些中心城市、老工业基地及工矿城市，比如重庆、西安、成都、兰州、昆明、贵阳、包头、德阳、绵阳、攀枝花等城市，已经形成了大量存量资产和较强生产能力，集聚了大量科技人才，集中了许多国防高科技研究与开发机构，形成了很多重要产业与企业，在西部大开发中应重点扶持这些城市产业的结构调整、技术改造和特色产业的发展（林凌，2003）。借助原有优势，适当发展高新技术产业、承接服务外包业务，发挥中心城市的扩散效益，吸收专业技术人才当地就业。

借助新型农村金融机构覆盖面，增加保险供给。2009年银监会颁布《新型农村金融机构2009—2011年总体工作安排》，决定加快完善农村的金融组织体系与服务体系，未来3年将再设立约1300家新型农村金融机构，主要布局在农业占比高于全国平均水平的中西部地区、金融机构网点覆盖率比较低的县域、贫困县以及中小企业活跃县域，以进一步改变农村地区金融机构网点覆盖率低、金融服务空白及竞争不充分的状况。《安排》可以通过增加有效供给，提升金融机构网点覆盖率低地区的金融服务水平，改善贫困地区的金融服务状况。东部地区的实证经验表明，保险机构数量对保费收入的影响作用较大，西部地区通过完善金融服务覆盖面，借助农村金融机构营业网点，对于设立新的保险公司、扩大银行保险和邮政保险中介发展，都能起到一定的推动作用。

促进保险对外开放，学习和引进东部、国外先进技术和管理经验。主要表现在三个方面：第一，后起地区可以借鉴发达地区现有的成功经验，比如展业、服务、产品、行销技术等，通过直接引进先进技术和管理经验，不仅可以替代有关技术产品的研究与开发、使发展速度大大加快，并避免风险，而且事实上也完全可能使其相对于先进地区的经验来说在更高的层次上开始发展进程。第二，学习和借鉴先进国家的成功经验，吸取其失败的教训。后起国家首先有先进国家已有的实现区域保险协调发展的可参照性，其次可以根据"国情"选择合适地区模式。第三，通过开放，吸引不同的文化经济交流，改变原有的保险意识。

第七章　促进我国保险业区域发展的思路和对策

　　保险业的区域发展，既是保险业资源的有效配置过程，也是保险企业市场区域布局合理化，竞争适度有序，市场集中度适中、保险服务水平逐步提升，保险产品的开发、提供与保险产品的市场需求总量、需求结构相匹配的过程，更是保险业发展与经济发展、社会建设关系相协调的过程。

第一节　促进我国保险业区域发展的思路

一、促进我国保险业区域发展的总体思路

　　促进保险业区域发展的总体思路是：坚持以人为本、全面协调、可持续的科学发展观，以国家宏观发展战略和"十二五"规划为基础，充分抓住国家经济结构调整的契机，将保险业区域发展置身于经济和社会发展的全局，根据区域经济圈的实际发展状况，充分考虑各区域的经济发展的梯度差异、战略定位、产业布局、产寿险业务特点和竞争优势等因素，在市场需求导向的指引下，鼓励各区域抓住机遇，合理定位，开展差异化竞争，激发、挖掘保险消费潜力，统筹区域发展，优化保险业区域布局，实现保险业资源（包括政策资源、人力资源、资本资源、技术资源等）的有效配置，使保险业区域发展与我国区域经济发展程度、社会建设水平相适应，形成区域保险优势互补、有力保障民生、与经济社会协调发展的新格局。充分发挥保险业服务经济社会的功能，发挥保险在统筹城乡发展、统筹区域发展、统筹经济社会发展、统筹人与自然和谐发展、统筹国内发展和对外开放方面发挥积极作用。

二、促进保险业区域发展的目标

　　根据区域社会经济的发展特点，因地制宜地制定包吸纳保险业区域发展目标。

　　东部地区保险市场的发展目标——提高经济效率，开展集约化经营。当前，粗放式经营模式已经难以为继，应该将发展目标从全面扩张向产业内在质量提高转变，把经济效率提高和集约化经营作为保险企业的经营管理目标。可以先在这些地区进行产品创新和开发试点。东部地区，应该率先深化市场改革，培养推出自主创新的保险产品：一方面要加大资金运用的力度，争取高额的资金回报，减少利差损失，增强公司的偿付能力；另一方面需要改进经营管理手段。

　　中部地区保险市场的发展目标——变潜在资源优势为现实增长优势。中部是保险业对外全面开放后内外资保险公司竞争的焦点。如何把潜在的保险资源优势尽快变为现实的保险增长优势，是这些地区的保险业发展亟待解决的问题。处于发展期的中部地区，要培养自己的营销体系，建立完整的营销网络，注意广大农村市场的开拓发展。

　　西部地区保险市场的发展目标——大力发展经济，着力保险资源的培育。西部地区保险资源较为缺乏，应在大力发展经济的同时，着力保险资源的培育。由于在利益上缺乏吸引力，西部地区保险机构的设立与发展需要政策上的扶持。需要制定相关政策鼓励外资保险公司投资中西部保险市场，按照行政区域设立分支机构，不能形成规模效益，也不利于市场的竞争，可以在地域上整合分支机构形成区域性的保险公司或子公司，引入市场机制。西部地区的优势在于其所拥有的潜在保险市场资源。西部市场的风险分布与损失分布具有差异化和多样化，可以针对此特征不断创新，推出和增加建筑工程及其配套保险、高科技产业保险、旅游保险，以及能应对西部沙漠化、旱灾、洪灾、雪灾等自然灾害的防灾补损类险种。要把西部地区的潜在保险资源优势转化为现实的保险竞争优势，除了急需资金以外，最需要的是人才，包括保险经营管理、产品开发设计、资金运用等各方面人才（徐哲，2005）。

　　东北地区保险市场的发展目标——支持工业基地振兴，加强保险服务创新。以服务老工业基地振兴为主线，提高自主创新能力，促进结构调整和优化。积极配合东北老工业基地振兴、国际航运中心建设和国企改革，对重点建设项目和企业提供优质保险服务，充分利用商业保险的功能，转移和化解重点项目的风险，大力拓展企财险、责任险等产品创新的试点工作；提供产品研发、产品推广、货物运输等全方位保险服务，以及风险管理咨询等延伸服务。

三、促进我国保险业区域发展的指导原则

（一）科学发展原则

保险业坚持科学发展观，其实质内涵就是要充分调动一切有利因素和各方面的积极性，尽最大的努力，实现保险业快速协调持续发展。在正确认识我国的基本国情、全面分析国际保险业的最新发展态势、科学判断我国保险业所处的发展阶段、准确把握我国保险业所面对主要矛盾的基础上，积极发挥保险的功能与作用，逐步改变保险业和经济社会发展不相适应的局面，为经济社会的全面、协调和可持续发展服务。

坚决贯彻科学发展观，确立区域保险业"服务地方经济"和"服务社会"的发展理念。我国大多数省市的保险业发展滞后于经济发展，这主要是因为，保险行业长期遵循纵向、单一的发展思路，未能使各省市的保险业供给达到最优。因此，我们需要进一步贯彻科学发展观，确立保险业"服务地方经济"与"服务社会"的发展理念，摒弃保险行业纵向、单一的封闭式发展思路，大力服务地方经济发展，充分认识并转嫁地方经济发展中可能存在的风险，将保险发展纳入到地方经济发展规划之中，通过向地方经济发展提供高质量的风险管理服务，实现各省市保险业和经济社会发展的协调。

（二）协调发展原则

保险业发展要改变单纯追求规模效应的现状，鼓励保险业以经济社会需求为导向，加大创新，提高发展质量，让保险业的发展能真正促进社会经济发展，提高社会福利。

1. 区域布局

第一，市场需求是保险企业设点、布局考虑的首要规则，但还需综合考虑市场竞争状态、市场集中度和同业竞争主体数量多寡等综合因素。避免恶性竞争或寡头垄断等非常态竞争格局的出现，导致保险企业资源的浪费或保险产品的供给不足、服务水平不高等抑制保险需求或过度开发保险市场等问题，影响保险业健康发展。

第二，保险企业的空间布局，既要考虑市场需求，又要兼顾协调发展，保险企业的设点、布局的顺序要符合各区域经济发展水平的梯度差异、地区文化、人口结构和教育水平等。将产品开发、客户服务和资金运用等关键业务部门，集中在经济发达、人才集中的中心城市。

第三，保险企业的空间布局，要体现区域内的业务指导、客户服务的辐射功能。

2. 政策制定

保险政策要适应不同地区经济发展的特点、配合经济发展战略调整和产业结构与产业政策政策调整。中西部地区的发展关键要靠吸引省外、境外的投资。当前，东南沿海地区正在进行产业升级，一些传统的已经丧失比较优势的制造业正向中西部地区转移。保险业应该增强大局意识，紧密结合当地经济发展的实际，力争在产业的承接转移中发挥作用，不仅要寻求自身快速发展，而且要支持当地经济社会的发展。如保险业为了配合沿海劳动密集型产业向中西部地区承接转移，大力发展企财险与职工团体保险，为产业对接服务；配合机场、铁路、高速公路、港口等大型的基础设施建设，大力发展工程险，为交通对接服务；配合开展对外经济技术合作和扩大出口，大力发展运输险和外出务工人员意外险，为市场对接服务。

3. 提高质量

提高保险业发展的专业化和精细化水平，追求包容性增长。包容性增长就是经济增长、人口发展和制度公平三者之间的有机协同，具有显著的民本主义发展旨向，更关注民权民生，更能满足民众权利发展的制度公平诉求。在发展的过程中，发展中国家经常会面临非常显著的制度约束，其根本实质就是制度安排和经济增长之间欠缺应有的包容性。人的发展是经济增长的终极目的，制度公平是经济增长的关键支撑，实现包容性增长，就是要实现经济增长、人口发展与制度公平三者之间的有机协同。

（三）因地制宜原则

保险业区域发展应立足于实际，根据各地经济发展水平和各地人民对保险的需求、缴费能力的不同，适时、适当地开展各项保险工作，不能盲目追求区域保险水平的提高和趋同性。只有当地区经济的总体实力能够提供剩余积累用于保险购买，且能促进区域经济发展和人们当前生活消费，或者不会影响区域经济发展与居民消费水平提高时，保险业区域发展水平的提高和协调才有意义。

（四）需求为导向原则

保险机构在市场空间的布局，通常考虑的是市场需求。这包括需求总量和需求结构。从资源有效配置的获利要求看，应考虑保险机构布局区域的 GDP 总量、人均 GDP、人均可支配收入、居民存款余额总量和区域内的人口数量和人口结构等与保险需求关联度高的指标。这些指标的统计与分析，直接显示了区域内潜在的保险需求总量和可能的保险需求结构。脱离市场需求的引导，简单地按行政区划来设置机构，不符合资源配置市场选择机制的效率要求。市场需求引导原则是保险机构布局应遵循的规则。

（五）产险、寿险区别对待原则

由于产险和寿险保险的对象不同，保险机构区域布局考虑的因素存在差异，应区别对待。寿险机构的设置，重点考虑人均可支配收入、人均储蓄存款余额和人口规模、人口结构和人口素质等。产险机构的设置，重点考虑区域内财物总量。如车辆总量、机器设备、厂房等财物价值量，附带的因素是 GDP 总量、产业结构和人均可支配收入、人均储蓄余额等。产险和寿险因业务对象不同、考虑因素的差异，决定了在机构空间布局上的各自特点。不能一视同仁，要体现出各自的专业特点和市场需求的不同。

第二节　促进保险业区域发展的十项对策建议

一、转变发展方式，提升发展动力，促进保险资源均衡优化配置

逐步实现从"经济增长"单一发展动力向"适应经济发展、完善保险供给"的多重发展动力转变。北京和上海保险市场之所以能够始终保持着在全国的领先地位，不仅在于其经济的高速增长，还在于其保险资源集聚而形成的多样化保险发展动力。为此，各省市保险业应该抓住"十二五"规划中由国富向民富、由外需向内需、由高碳向低碳转变战略所带来的各种机遇，实现从"经济增长"单一发展动力向"适应经济发展、完善保险供给"的多重发展动力转变。尤其是，地方政府应当关注保险的社会管理功能，积极支持和吸引保险公司入驻；同时，保险监管部门也需要积极作为，均衡配置保险资源；保险公司应当转变组织设计，强化和完善自身的"生产能力"与"服务能力"，集中优势资源来提升各省市保险机构的竞争能力。

二、按照市场经济原则，建立多层次的保险体系

根据多层次保险市场需求结构，建立多层次的保险产品结构体系、市场主体体系、市场监管体系。

建立多层次的保险产品结构体系。应当鼓励保险公司依据不同的地区

特征开发不同的保险产品。比如，中部地区的保费收入对居民可支配收入弹性比较大，社会保障水平整体上比较低，可适当开发养老、医疗保险等人身保险产品；东部地区的经济比较发达，社会保障水平比较高，居民消费水平也较高，应该开发多层次的人身保险产品，同时积极开发以住房、汽车保险等为主的财产保险产品。

推行区域保险监管层次的多样化。推行区域保险监管层次的多样化，就是要对区域保险市场进行混合监管，建立由国家监管、行业自律与社会监督等构成的多层次保险监管体系。其中，国家监管是主导，行业自律是辅助，社会监督则为补充，既要发挥保监会与各地保监局在区域保险监管中的主导作用，又要借助保险行业协会与社会各界力量来增强保险监管效果。

三、完善收入分配政策，培育区域保险发展的需求环境

制定有利于中产阶级形成的收入分配政策，培育保险区域发展的需求环境。在中等收入组中人均 GDP 对人身保险需求的促进作用是最为显著的，这表明，"两头小，中间大"的橄榄型收入群体模式更有利于提高人身保险的消费。当前，调整收入分配的呼声日益高涨，越早形成有利于中产阶级培养的收入分配政策，就越能够为我国人身保险市场发展提供强大的购买力支持。"十二五"规划建议表明，收入分配改革有可能在近期获得突破。

四、发展区域保险经济圈，支持区域经济圈的发展

建立同我国区域经济圈发展相适应的区域保险经济圈，发挥区域保险经济圈的融合与协作功能。从当前我国经济发展的区域特征以及未来趋势来看，我国已经基本形成经济发展水平较高的珠三角、长三角及环渤海三大区域经济圈，与保险的市场需求相适应，还需要构建与之相适应的区域保险经济圈。"十二五"期间可以重点规划和建立若干区域保险经济圈。

每一个区域保险经济圈都应该是机构聚集中心，但是不同的区域依其不同的经济发展水平、市场环境和各自优势，应具有不同的资源配置功能和特征。例如，华南地区的市场营销模式、公司治理制度、市场化的监管理念和方式较为先进，应发挥制度创新、市场营销和人才培训的优势，如可在华南建立全国性的保险人才培训基地、尝试建立全国性的市场营销中

心（如电话直销中心等）等；华东地区具有保险业资金运用的优势和金融中心的地位，应成为资金运用中心、新产品研发中心和国际化人才培训基地；华北地区当然是保险业监管的中心，同时也可以依靠其技术服务优势成为全国性的技术中心。

五、建设全国保险中心和区域保险中心，带动区域保险发展

推动全国保险中心和区域保险中心的建设工作，发挥保险中心的辐射和带动作用。金融是现代经济的核心。国务院在《关于加快发展服务业的若干意见》中明确提出："可选择辐射功能强、服务范围广的特大城市和大型城市建立国家或区域性金融中心。"经过30年的发展，保险业的发展成就举世瞩目，尝试建设全国保险中心和区域保险中心的时机已经呈现。由于每个区域保险经济圈都有若干的经济较为发达的城市，因此每个区域保险经济圈也可以建立若干个保险中心城市，不同中心城市之间也可以有不同的功能差异。

全国或区域性保险中心的类别可以包括：机构聚集中心、制度创新中心、产品研发中心、技术服务中心、人才培训中心、资金运用中心等。举例如下：

北京市——总部基地；机构聚集中心。利用北京市发挥政治经济文化中心的地位，吸引国内外保险机构入驻，成为机构聚集中心，促进国际保险业的交流与合作。

北京市拥有的优势在于：（1）政策优势。北京是全国的政治中心，拥有绝佳的政策和信息优势。而且2008年北京市委、市政府正式下发《关于促进首都金融业发展的意见》，明确提出首都金融业的定位和工作目标是将北京建设成为具有国际影响力的金融中心城市。（2）经济优势。与其他城市相比，北京保费收入始终名列前茅；其次，北京已经成为大型跨国公司、国内企业集团总部的聚集之地，有着大量资金雄厚的投资者，此外有诸多的重要金融机构总部；作为首都，北京还有着大量优秀的高等教育机构及国家政府机构总部。（3）地域优势。北京是国家宏观经济管理决策部门、一行三会等国家金融管理部门所在地，中国保险监督管理委员会就设在北京，中国人寿、中国人保、中国再保险、中国出口信用保险等四大全国性保险公司的总部及外资保险机构总部大部分聚集在北京。（4）人才优势。北京市作为全国的政治、经济、文化中心，是全国各类人才的汇聚

之地，这为保险产品集中交易平台建立提供了人才保障。

上海市——保险产品创新和技术研发中心。支持上海建设保险产品创新和技术研发中心，以及保险管理及后援中心；建设保险资金运用试验区；保险业国际化人才培养基地。支持上海市建设再保险中心和国际保险中心的设想。其可行性在于：（1）上海市具备良好的市场基础和潜在的发展空间。从保费规模、保费规模增长率、保险密度、保险深度等衡量保险发展水平的关键指标进行综合评定，最具活力保险城市的综合排名，上海位于第二位。（2）上海市着力打造国际金融中心和国家航运中心，航运保险市场、再保险市场发展迅速，保单转让市场建设已经起步。（3）拥有较好的政策环境。2009 年 4 月，国务院在"两个中心意见"中明确提出"加快制定既切合我国实际又符合国际惯例的金融税收制度"，为上海市争取针对国际金融中心建设的优惠政策环境提供了基本原则和重大契机，上海市政府应高度重视和利用政策上的支持。

深圳市——保险创新中心。选择支持深圳保险创新发展试验区建设，以此为基础，建设保险创新中心。支持深圳更好地发挥改革创新、示范探路的作用，当好全国保险业改革创新的"试验田"和"示范区"。开展以下工作：一是开展商业保险机构投资医疗机构试点；二是探索开展个人税收递延型养老保险产品试点；三是加快发展符合深圳人口特点的小额人身保险试点；四是开展商业车险定价机制改革试点；五是进一步深化深港保险合作。

2006 年，中国保监会和深圳市委、市政府共同确定把深圳作为全国首个保险创新发展试验区。2010 年 3 月 28 日，中国保监会主席吴定富和时任深圳市代市长王荣在深圳共同签署了《关于深圳保险创新发展试验区建设的合作备忘录》，进一步明确了新形势下深圳保险创新发展试验区的目标定位、改革创新的重点领域以及其他相关事项。深圳保险创新发展试验区建设内容：充分发挥保险业作为经济"稳定器"和"助推器"作用，进一步拓宽保险业服务改善民生的领域；积极提升保险业参与社会管理，提升现代化城市管理水平；深化深港保险合作，促进两地保险业融合发展；大力推进深圳保险市场体系建设；不断优化深圳保险业发展环境等六大方面。

六、继续推动保险区域发展试验区建设

结合各地经济社会以及保险业的特点，建设若干保险试验区，集中开展试验区的先行先试作用，解决我国区域保险发展的难题和困境。举例如下：

大连市——保险制度创新试验区。推动大连保险业向东北三省辐射，为振兴东北老工业基地发挥应有作用。

厦门市——区域保险服务试验区。将厦门确定为全国保险改革发展试验区，加快两岸区域性金融服务中心建设，使厦门成为保险业服务地方经济社会发展的示范区域、全国保险科学发展的试验基地、两岸保险业服务一体化的重要平台。

重庆市——保险城乡结合试验区。根据《国务院关于推进重庆市统筹城乡改革和发展的若干意见》，重庆将设立保险业创新发展实验区，开展保险资金投资基础设施等试点。

天津滨海新区——保险技术服务中心。滨海新区在2007年6月被中国保监会确定为全国保险改革实验区，天津保监会改革创新措施包括鼓励金融企业推行综合经营试点，支持保险机构在管理、产品、服务上创新，吸引保险资金，拓宽保险资金运用渠道，深化银保合作，促进保险集约化经营及鼓励保险中介资本重组与并购。

陕西杨凌——农业保险试验区。在陕西省财政厅和省保监局共同推动下，杨凌示范区成立了全国首个"农业保险创新试验区"。作为全国唯一的高新农业产业示范区，杨凌具有特殊的地位，是国家重点打造建设的区域性现代农业科技创新中心、创业推广中心、产业化示范中心、国际农业科技合作中心，肩负着引领地区现代农业发展的重任。伴随着生产规模的扩大、产业链的延伸、新技术的引入，农业生产各环节需要大量的金融保险支持服务，保险资源潜力巨大，为试点工作提供了客观发展条件。

四川省——巨灾保险试验区。四川省是重大自然灾害的多发省，如2008年"5·12"汶川特大地震、2010年广安洪水灾害等，这些都使四川省更具有巨灾保险实验区建设的客观条件。其中成都市及周边各县也是重大自然灾害多发区。成都市的保险深度和保险密度位居中西部地区前列，又扮演着城乡一体化综合改革实验的重任，赋予四川省保险改革和保险创新试点权，设立区域性保险创新发展试验区是合适的。

武汉——科技保险试验区。武汉市"两型"社会试验区已经获批。作为中部教育与科技大省，武汉市以光纤通信、生物、医药为主的高科技产业方兴未艾，并成为全国首批科技保险创新试点城市之一，可考虑进一步升级为科技保险试验区。

宁波——港口保险试验区。浙江省港口群优势明显，已经提出"港航强省"的战略。宁波作为浙江省的最大港口所在地，依托全省经济，在航运保险的开展方面具有优势，适合在港口保险方面先行先试。

其他城市——试验区的具体功能根据保险区域发展的需要而定。

七、实施促进保险业区域发展的差异化策略

1. 大力支持中西部发展特色性区域保险机构，服务地方经济

（1）鼓励根据当地经济发展的特点定位于不同的目标市场的区域保险公司。我国各地经济发展水平各不相同，区域性保险公司可根据当地经济发展的特点定位于不同的目标市场，可以更好地支持地方经济发展。区域性保险公司运用积累的保险基金优先支持地方重点工程建设，可有效缓解地方经济发展与建设资金匮乏的矛盾，获得地方政府的重视和支持；地方政府的支持反过来又会促进地方保险事业的快速发展，从而形成保险业与当地经济发展的良性循环。

区域性保险公司还避免了在外地注册的保险公司从当地吸纳资金，税收可以留在当地，并可根据保险公司低成本融资的特点再投资，进一步盘活资金，增加税收含量和促进经济发展。区域性保险公司也为当地产业资本开辟了一条新的投资渠道，有利于省内自有资源的合理配置和整合。

（2）大力支持中西部地区成立区域保险公司。优先支持中西部地区区域保险公司的设立，必要时可考虑适当降低中西部地区区域保险公司的设立门槛。目前我国保险公司大都是采取总分模式的全国性公司，这样虽然有利于迅速做大公司规模，但是对于非法人注册地，尤其是对于地方财政比较困难的中西部来说，事实上造成了建设资金的外流，对当地经济发展不利，这也是地方政府难以真正做到像支持商业银行一样支持商业保险发展的重要原因之一。因此支持中西部发展区域性中小保险公司势在必行。"十二五"期间，我国坚持把深入实施西部大开发战略放在区域发展总体战略优先位置，给予特殊政策支持，因此可以预见，西部经济将快速发展，区域经济发展导致资金运用条件向中西部转移，也有利于发展区域性保险公司。

2. 实施区域保险产品差异化策略

例如在寿险中，东、中、西部各区域对传统险、分红险、投资险选择

上，东部地区的投资型产品比例可以适当高于中西部地区，而中西部传统险可高于东部地区；在产险中，东部地区责任保险和信用保险的比例应高于中西部地区，而中西部地区农业保险的比例则应比东部地区高。在中西部经济发展相对落后地区，农业经济通常占有主体地位，因而要开发农业保险、农民医疗及养老保险等产品，为农业、农村的发展提供相应的保险保障。要考虑到欠发达地区和农村地区的特点，开发出一些低缴费、低保障、方便购买的保险产品。

3. 实施区域保险产品销售模式差异化策略

东部地区的保险中介市场比较发达，应当抓紧从以保险营销员与兼业代理为主要渠道的销售模式向以保险代理公司与保险经纪公司为主要渠道的专业代理模式转化，并积极发展网上直销和电话直销等新型营销模式；至于中、西部地区，可在继续充分发挥保险营销员与兼业代理主渠道作用的基础上，加快培育保险专业代理与保险经纪中介市场，增加保险中介机构数量。总之，应该根据区域特点在产品销售模式上实施差异化策略。

4. 实施区域保险对外开放政策差异化策略

在我国保险业对外开放不断深化的过程中，需要依据经济社会发展水平，制定中、西部保险发展的差异化开放与政策。一是逐步尝试放宽沿海中心城市或保险业发达地区的保险市场准入标准，在保险中心城市或者保险中心城市的改革实验区，如深圳浅滩金融中心，适当降低外资保险机构准入标准，开放保险市场。二是实施一定的优惠政策，引导和支持外资保险公司前往中部地区开展业务，比如武汉城市圈两型社会试验区。具体来讲，需要降低地区保险市场的进入门槛，减免税收，等等；需要重点引进开办责任保险与信用保险的外资保险公司，进一步推动地区保险结构的合理化。

5. 实施区域保险税收差异化策略

对东、中、西部等不同地区的保险经营者实行差异税率，例如对在中西部地区开展保险业务的保险公司给予适当优惠的税收政策，以鼓励保险资源向中西部地区转移，增加中西部保险市场主体的数量。我国保险机构总部的分布严重失衡，中西部众多省份没有总部设在该地的保险公司，保险资源占有水平低，保险机构服务地方经济社会的功能得不到发挥。在我国保险业对外全面开放的过程中，通过采取特定的优惠政策以及差异化政策，来吸引更多的外资保险公司到中、西部地区去开展业务，以此促进中、西部地区的保险业发展。

6. 实施费率差异化策略

实行差异化的费率政策，即建立东、中、西部区域的差异化保险费率制度，在保险费率厘定时充分考虑区域保险标的在风险水平、保险赔付率以及费用率等方面的差异，尽量使区域内同一险种的费率水平大体相当，不同地区同一险种的费率之间具有一定程度的差异性。

7. 实施保险监管差异化策略

（1）优化区域保险发展层次监管，合理分配各级监管机构的监管权限。优化从保监会到保险监管局、保险监管分局的层次监管制度，合理分配各级监管机构的监管权限。调整各级监管机构的监管功能。保监会层面侧重对偿付能力、公司治理结构的监管，而市场行为监管、内控制度、产品监管则以地方保监局的监管为主。在风险可控的条件下，可以考虑适度扩大地方保险监管机构的监管权限范围。比如赋予地方保险监管局一定的保险机构设立审批权限，对于区域性保险机构的设立、区域性保险产品的开发与投放，考虑由地方保险监管局审批，报保监会备案即可。这将有利于促进区域保险机构的适度发展。

（2）深化保险区域分类监管。对保险业发展水平不同的区域实行分类监管和分类指导，不同保险发展区域的政策支持不同，监管重点也不同。

从总体上看，我国保险监管基本上是以全国为一个整体来制定相关政策，忽视了地区之间、城乡之间、不同社会阶层之间的差异，影响了监管效率。保险监管部门需要考虑保险业发展水平在地区之间的差异性，结合我国经济区域划分给予不同的政策支持，监管重点应当有所侧重。例如，经济发达地区保险业在市场化和国际化方面，步子可以迈得更大些。在保险业发展水平较高的地区，可以相对放松保险公司市场运作的过程管制，强化法规建设，规范偿付能力的监管，使得这些区域较早地适应国际化的发展。在保险业发展水平较为落后的地区，特别是新公司的监管，要关注公司市场运作的过程监管，基础管理规章的监管。对于费率、合同条款、产品等，应结合区域特点进行监督管理，避免因地区差异而难于推出相应的措施和标准。

（3）推行区域保险监管程度的差异化。东部地区保险市场相对比较发达，保险市场体系与机制也相对较完善，应当适度放松对市场主体的经营行为监管，加强对该区域内保险公司资金运用和财务运行监管。中、西部地区保险市场的垄断程度比东部高，因而对市场上保险公司主体的经营行为要从紧从严进行监管。政府和监管部门方面，需要突破保险资金运用的束缚，实施向中西部倾斜的政策。

8. 支持鼓励东中西部区域保险发展协作

在东、中、西部地区区域保险发展过程中，东部地区可以向中、西部地区传递先进的经营理念、保险技术和市场经验等，带动后者的保险发展；可以仿效政府所倡导的先进地区与落后地区的对口扶贫做法，划定沿海地区的保险公司对口支援西部地区保险发展，直接向西部地区保险发展提供技术与人才等方面的支持，借此推动西部保险的发展。在东部地区的引领下，在中、西部一些发展较快的城市与地区打造保险增长极，透过内外部增长极的共同作用，进一步加快中、西部地区的保险发展，使中、西部地区的区域保费收入、保险深度、保险密度、保费增长数量与速度、保费收入的 GDP 弹性、潜在保源转化率等与东部地区的差距逐渐缩小。

9. 对中西部采取适度倾斜的保险产业政策

依据地区经济发展水平和保险业发展状况，对保险业发展落后和不能适应经济发展需要的地区给予适度政策倾斜支持。为了实现保险市场区域发展的相对平衡，对那些经济发展水平比较落后、保险需求总量不能满足设立分支机构、当地居民的保险需求无法得到满足的地区，政府有必要实行适度倾斜的保险产业政策。为了促进中西部地区的保险发展，保险监管部门应该采取必要措施，鼓励保险市场主体去中西部地区开展业务，如降低中西部地区的保险市场准入门槛、给予适当的税收优惠等，特别是应该在适合当地发展的保险险种上提供更多的政策优惠，以此引导保险公司的行为。

（1）鼓励对中西部地区保险资金投放，突破保险资金运用限制，加大对中西部地区保险资金投放力度。有三种思路：

一是改变当前保险资金运用过于集中在资本市场间接投资的做法，允许更多的保险资金直接进入生产领域，支持各个保险总公司加大对中西部地区的投资，优先建设一批重点基础设施以及具有地方特色且市场前景良好的大型工业企业。同时，由中央财政对这部分投资收益给予相应的税收减免政策。

二是在加强基础设施项目评估和风险控制的基础上，政府允许各保险总公司投资中西部基础设施的建设。将保险资金的运用与政府的中西部开发战略结合起来，一方面提高保险资金运用效率，提高投资回报；另一方面落实政府扶持中西部开发的发展战略。实现保险行业与社会、中央与地方利益的共赢。

三是支持设立总部在中西部的区域保险公司，保险资金运用主要集中在中西部地区。改变中西部目前保险发展越快，资金流失越严重的"被过度抽血"局面。

（2）适度降低中西部地区保险市场准入门槛，并给予适当的税收优惠。和东部相比，中西部地区经济发展水平较低，故目前的保险市场准入门槛对其而言就较高。为了更有效地促进市场主体去中西部开展业务，满足当地居民的保险需求，可以适度降低中西部地区保险市场准入门槛，并适当降低或减免保险公司缴纳的全部或部分所得税。

（3）建立起适应中西部地区人口状况的目标市场。随着我国保险业对内和对外开放，中西部地区的保险经营主体也在不断地增加。然而从一些地区特别是西部地区来看，除了中国人寿和人保的业务基本遍布中西部地区主要城镇，其他保险公司的业务则主要集中在区域中心城市与个别经济比较发达的城市，并且，各家公司的农村业务都较少。而农业是中西部地区非常重要的支柱产业。同时，集中于中心城市的国有大中型企业相对来讲效益并不是很好。所以，各个公司有必要考虑逐步将目标市场确定在城市中低收入者和经济情况较好的农村，从而建立起适应中西部地区人口状况的目标市场。

（4）加强中西部地区人才的培养。保险业发展需要一批具备专业知识与职业素养的人才。中西部地区的经济发展很不平衡，人们的受教育程度也相差很大。中西部地区的保险业发展需要强有力的人才支撑，如何引进、培养和培训人才是加快中西部地区保险发展所面临的重要课题。需要采取薪酬制度优化、人才奖励、资金支持等措施，鼓励中西部地区以及保险业水平还比较低的地区大力发展保险教育，提高保险教育水平，培养高素质的保险人才，以人才促进区域保险发展。深圳、重庆等城市已经采取了鼓励高管落户的政策，监管部门也可以考虑直接或者间接给予西部地区保险教育在资金、人才等方面的支持。

（5）鼓励保险公司对中西部地区的产品更新与设计。为适应中西部地区保险市场的需求，保险供给必须与之相适应，其中产品更新和设计是非常重要的方面。由于中西部地区的经济发展水平相对比较低，人们的收入

参考文献

［1］陈斐：《基于空间统计分析与 GIS 的区域经济分析研究》，武汉大学硕士学位论文，2002 年。

［2］楚天骄：《中国保险市场的区域差异研究》，《上海金融》2002 年第 9 期。

［3］郭建博：《我国保险市场区域差异研究》，《濮阳职业技术学院学报》2008 年第 8 期。

［4］韩艳春：《保险发展与人口、经济及文化发展的关系》，《保险研究》2004 年第 11 期。

［5］何浩：《对外开放背景下的外资保险公司监管》，《保险研究》2009 年第 5 期。

［6］胡宏兵、郭金龙：《中国保险发展与经济增长关系检验——基于 Bootstrap 仿真方法的实证分析》，《宏观经济研究》2010 年第 2 期。

［7］胡宏兵、田乾、黄莹玉：《我国保险业区域发展协调度评价实证研究》，《宏观经济研究》2012 年第 5 期。

［8］胡宏兵、郭金龙、田乾：《保险业区域发展路径和模式选择——基于情景模式分析法的实证研究》，《金融评论》2011 年第 3 期。

［9］胡宏兵：《中国保险业核心竞争力评价与提升研究》，武汉大学出版社 2013 年版。

［10］江生忠：《中国保险业发展报告》，中国财政经济出版社 2007 年版。

［11］蒋才芳：《基于保险业绩指数的区域保险差异探析》，《湖南大学学报》（社会科学版）2009 年第 7 期。

［12］李绍星、冯艳丽：《中国保险业集中度及其规模对绩效的影响》，《经济与管理》2007 年第 8 期。

［13］林涌：我国保险业的机构性矛盾和结构性调整，《保险研究》

2003 年第 3 期。

[14] 刘京生：《论区域经济与区域保险》，《保险研究》2002 年第 6 期。

[15] 刘志良、董阳春：《解读美国的长期战略预测——全球趋势 2025 评析》，《世界经济与政治论坛》2009 年第 2 期。

[16] 刘志雄：《中国保险业发展水平地区差异的实证分析》，《广西金融研究》2005 年第 7 期。

[17] 陆秋君、施锡铨：《中国保险需求区域差异研究》，《江西财经大学学报》2008 年第 4 期。

[18] 罗汉、艾燕琳、毛锦云：《经济开放度与地区经济发展的相关分析》，《湖南大学学报》（社科版）2004 年第 3 期。

[19] 蒲成毅：《世界保险产业结构演化的特征及趋势分析》，《经济理论与经济管理》2007 年第 7 期。

[20] 乔扬：《论我国保险业的区域差异与协调发展》，《首都经济贸易大学硕士论文》2004 年第 3 期。

[21] 任泽华、杜世奇：《四川保险业与经济协调发展研究》，《西南金融》2008 年第 3 期。

[22] 孙祁祥、贵奔：《中国保险产业发展的供需规模分析》，《经济研究》1997 年第 3 期。

[23] 孙秀清：《中国区域保险差别及其效应分析》，《山东经济》2007 年第 5 期。

[24] 孙玉梅：《中国保险业市场集中度的实证分析》，《北京工商大学学报》（社会科学版）2006 年第 20 期。

[25] 唐智敏等：《我国宏观经济发展战略变化与内陆区域发展路径选择》，《理论导报》2010 年第 4 期。

[26] 田霖：《我国保险市场的区域差异研究》，《金融理论与实践》2005 年第 9 期。

[27] 汪波、方丽：《区域经济发展的协调度评价实证分析》，《中国地质大学学报》（社会科学版）2004 年第 12 期。

[28] 王金铎：《中国区域保险的理论与政策研究》，中国财政经济出版社 2006 年版。

[29] 王金铎、祝向军：《保险发展动力与发展趋势研究》，《保险研

[59] Sammy Zahran, Stehan Weiler, SamuelD. Brody, MichaelK. Lindell, Wesley E, "Highfield Modeling nation a flood insurance policy holding at the county scalein Florida", 1999 – 2005, *Ecological Economics*, 2009, 68: 2627 – 2636.

后　记

　　2008 年，适逢改革开放 30 周年，也是全球金融危机全面爆发年。就在本年，本人有幸进入中国社会科学院金融研究所从事博士后研究工作，师从合作导师李扬研究员和郭金龙研究员，聆听各位金融大师的教诲。其间，还得到了王国刚研究员、王松奇研究员、周茂清研究员、殷剑峰研究员、胡滨研究员、胡志浩研究员等多位专家的指导和帮助。特别是同郭金龙研究员合作，从事了包括国家社科基金重大项目、国家社科基金一般项目、中国社科院重大项目、中国保监会项目、国家发改委项目等在内的多项重大研究，开展了许多有价值的研究工作。

　　本研究也是在中国社会科学院金融研究所从事博士后工作期间进行的。保险业区域发展战略，是中国保险业"十二五"规划关注的重点问题之一。为了给中国保险业"十二五"规划提供政策上的支持，进行了本项研究。其间进行了大量调研工作，花费了很大心血，当然，相关研究成果也得到了认可。初稿完成三年之后，重新对研究成果进行梳理、总结、更新和拓展，完成本书稿。

　　本书撰写过程中，中国社会科学院金融研究所郭金龙研究员在各方面给予了大力支持，这里要特别表示感谢。感谢中国社科院保险与经济发展研究中心研究员张许颖教授、朱俊生教授、王福新博士、屈波博士后、邱剑博士后等提出的宝贵意见。非常感谢中南财经政法大学研究生周小燕、万勃生、田乾、牛亚楠、苏萌、李文华、徐璇、谢婧、赵林楠、陈洁、刘琴、张冰心、夏妮、杨晨、王研、赵文秀、王羽、舒思勤、欧阳翔等在文献搜集、数据处理以及撰写修改过程中给予的大力支持。感谢本书的责任编辑田文老师提出的修改建议。此外，本研究得到中国保监会发展改革部、上海保监局、浙江保监局、宁波保监局、广东保监局、深圳保监局、重庆保监局、四川保监局及上海市金融办、深圳市金融办、重庆市金融办、中国平安保险集团等部门和机构的大力支持，在此表示感谢！

感谢许谨良教授、徐敦楷教授、万安培教授、刘冬姣教授、邹进文教授、谢志刚教授、宋清华教授、朱新蓉教授、罗良文教授、张金林教授、唐文进教授、袁辉教授、李志生教授、熊福生教授、姚壬元副教授、沈治中副教授、段文军副教授、张洁博士、余洋博士和董志华博士，等等。作为本人的良师益友，他们在课题研究乃至日常工作中给予了极大的支持和帮助，特别表示感谢！感谢中南财经政法大学对本书出版的资助。

感谢我的妻子、女儿及其他家人多年来对我工作的理解和支持。妻子宋丽智女士多年来对家庭无私奉献；女儿胡靓顾给我带来好运并增添了无比的生活乐趣和工作动力，期盼她们永远健康、平安、快乐！

胡宏兵

2014 年 2 月 18 日于武汉